ちくま文庫

ふしぎな社会

橋爪大三郎

筑摩書房

ふしぎな社会　目次

はじめに　011

PART I

言語　*language*　018
言語を使う。言葉をしゃべる。これは、人間だけの能力です。

戦争　*war*　032
戦争とは、《暴力を用いて、自分の意思を相手に押しつけること》、をいいます。

憲法　*constitution*　040
憲法は、手紙です。人民から、国にあてた手紙。その国の政府職員に向けて、こうしなさいと約束させるものです。

貨幣　*money*　050
貨幣は、大昔からあったわけではありません。

資本主義 capitalism 066
資本主義とは、資本が、特別なはたらき方をする経済のことですね。

私有財産 private ownership 078
私有財産は、私たちの社会の基礎です。ところが、この私有財産の制度は、そんなに昔からあったわけではありません。

PART II

性 sex 094
性とは、体と体の関係、のことです。人間は生きていますが、それは、人間の体が、生きているのです。

家族 family 109
家族があるのは、人類（ヒト）の特徴です。

結婚 marriage 125
結婚は、世界中、どんな民族や文化にも認められる習慣です。

正義 *justice* 138

正義とは、なんでしょうか。正義とは、正しさが外からやってきた、という感覚です。

自由 *liberty/freedom* 156

自由とは、人間が、思ったように行動したり、好きなように考えたりできること、をいいます。これは、人間の生まれついての性質です。

PART III

死 *death* 172

人間は生き物ですから、死にます。動物や植物も、生き物ですから、死にます。死ぬのは、生き物の宿命ですね。

宗教 *religion* 196

宗教は、人類の文化になくてはならないもの。いや、人類の文化の中心です。

職業　job　208
職業とは、仕事のことです。収入があって、かなりの時間をさいていて、それで生活を支えている、そういう活動をいいます。

奴隷制とカースト制　slavery and caste system　218
インドに、カースト制という制度があります。インドにしかない、特別な社会の仕組みです。

幸福　happiness　232
幸福とは、人間が人間として生きていることが、充実している状態ですね。生きる目的と言ってもいい。

読書案内　further readings　251
おわりに　261
文庫版あとがき　263

イラスト　HONGAMA

ふしぎな社会

Sociology For Young Adults
by
Daisaburo HASHIZUME
PHP Editors Group, Tokyo 2014:11
Chikuma shobo Co Ltd., Tokyo 2021:03

はじめに

この本は、社会学の本です。

小学校の社会科は、社会学ではありません。中学、高校の公民や倫理社会も、社会学ではありません。大学で学ぶのが、社会学です。

社会学の特徴はなにか。それは、社会学のなかみが、人間が社会を生きることと、すっかり重なっていることです。

だから社会学は、簡単です。誰でも社会を生きているので、社会学のなかみはすぐ理解できます。聞いたことのあることばかりです。でも社会学は、難しいです。なにをどう工夫すれば、社会学をやったことになるのか、はっきりしないからです。

ここは大事なところなので、詳しくお話ししましょう。

社会学は、社会科学のひとつです。大きく言えば、科学（サイエンス）です。

自然科学は、自然から法則を取り出して、解明します。万有引力の法則とか、マックスウェルの方程式とか。

社会科学は、社会から法則を取り出して、解明します。需要供給の法則とか、有効需要の原理とか。

社会には、法則があります（知ってましたか？）。主観的願望にもとづいて、こうなってほしいとみんなが思っても、社会はその通りに動いてくれません。だから、社会科学が必要なんです。

そんな社会科学のなかで、社会学はちょっと特別です。経済学や法学や人類学と比べると、そのことがわかります。

経済学の場合。経済の法則は、市場（マーケット）のなかで働きます。市場では人びとが、あくせく働いてモノを売り買いしています。経済学者は、それを市場の外から眺めて分析します。経済学者自身は、経済活動をやらないのです。

法学の場合。法律は、社会の一断面です。社会には、人びとのあいだで、さまざまな紛争が起こります。それを裁判官や弁護士は、一段高いところから、法律だとこうなる、などと裁いていきます。

人類学の場合。人類学者は、密林の奥地などに出かけて、現地の社会がどう営まれているか、調査します。人類学者は、現地の一員ではなくて、異文化を横からのぞき込んでいるんですね。

社会学は、そうではありません。社会学は、社会の一部を切り取るかわりに、社会をまるごと考察します。経済学者のように、社会を市場（お金の関係）としてだけ扱ったり、法学者のように、法律の側面だけ扱ったり、しません。社会学者は、一段高いところに立たないので、観察する自分と、観察される人びとを、区別しません。

これは、どういうことか。人間が社会を生きていくとき誰もがぶつかる問題を、社会学は、残らず正面から受け止めるということです。そうすると、あまりきれいに法則を取り出せません。そのかわりに、社会を生きる人間の真実のすがたの、いちばん深いところまで考えることができます。それは、哲学ともつながっているし、文学や、心理学や精神分析や、歴史学や…ともつながっています。科学と、科学でない世界の境界ぎりぎりのところを、科学の側から考えていくのです。

文学や哲学や歴史学や…を、人文学といいます。

人文学と、社会学は、どう違うか。

文学は、人間が一人ひとり個性的で、個別の存在であることにこだわります。世界でたった一人のAさんの独自な世界を描き出すことで、人間の本質を照らし出すことができると考えるのです。それに対して社会学は、大勢の人びとの共通点にこだわります。そこに法則性があって、科学の方法で解明できると考えるからです。

社会学がどんなことがらを扱うか、この本を読めば明らかです。

社会学は、さまざまなテーマを扱います。どのテーマも、読者の皆さんが、そう言えば知っている、と思えることばかりです。そして、社会学以外の学問がこういうテーマを論じているのを聞かないなぁ、と思うことばかりです。そうなのです。社会学はまだ発展途上で、ほかの学問が積み残した大事そうなテーマで、これから議論しなければならないことだらけなのです。

本書ではそんな、社会学の一端を紹介しました。若い読者の皆さんのために、わかりやすく書きました。でも、大学生や大学院生のための社会学の本より、進んだ内容も含まれています。もしもこの本が面白くて、眠れなくなったあなたは、社会学に向いているかもしれません。

それでは社会学のスケッチする、ふしぎな社会を楽しんで下さい。

二〇一四年一〇月

橋爪大三郎

PART

I

言語 *language*

言語を使う。言葉をしゃべる。

これは、人間だけの能力です。

ミツバチとか、鳥とか、獣とか、信号を使ったり交流したりする能力を持ってる動物がいます。動物も脳があるから、それぐらいはできますが、言語とは違います。

人間の言語は、その詳しい性能が全部、まだ解明されていないぐらい、すばらしいものです。人間は言語を使うことによって、社会をつくることが可能になっていると言えると思います。

言語と社会は、切っても切れないものです。

世界と名詞

言語の性質として、いちばん基本になるのは、言語には意味がある、ということです。

言語の意味は、この世界の中の出来事やありさまと、関係しています。言語があることによって、この世界は豊かになり、広がりを持ち、人びとが共有できる空間になるという性質があります。

その根本には、言葉がモノを指し示すことができる、という機能があります。これを、指示といいます。英語だと、シグニフィケーション（signification）ですね。モノを指示する言葉を、名詞といいます。まあ、名前です。モノには名前があるんです。

モノに名前があると、モノとその名前とは、一体であるような気がします。たとえば、犬と「イヌ」、山と「ヤマ」。

でも実は、全然違って、名前は言うならば、デジタルな性質を持っています。それに対してモノは、アナログな性質を持っています。

たとえば、わかりやすいので、色を考えてみます。

「シロ」と言い、「クロ」と言い、「ハイイロ」と言います。でも、白はだんだん灰色になって、灰色はだんだん黒になるわけでしょう。世界の中には、色がかりにあるとしても、連続的なんです。ところが、言葉のほうは、白は「シロ」、黒は「クロ」と言うしかない。中間があるとしても、「ハイイロ」という新しいものをつくって、灰色は「ハイイロ」。で、「シロ」と「ハイイロ」は違う色で、「ハイイロ」と「クロ」は違う色で、っていうふうにしかできないんです。

なぜかと言うと、頭の中がそうなっているから。世の中には、色がたくさんあるけれど、「シロ」と「クロ」と「アカ」と、「ミドリ」と「キイロ」と、「キミドリ」というふうに、名前の数だけ色がある、と思うようにできているのです。

これは、現実の反映かどうか。現実の反映ではあるけれど、現実とは違う構造のものになっているでしょう。これが、モノの名前の特徴なのです。

色の場合にははっきりわかりますが、たとえば、犬というモノを考えてみる。「イヌ」という言葉を使えるのは、われわれの客観世界に、犬がいるから。それを、「イヌ」と呼んでいるのだ、と思う。でもたぶんこれは、錯覚です。

われわれは、犬と猫が違うと思う。犬と狼が違うと思う。そして、すべての犬は犬だと思う。けれども、みたところ、狼とシベリア犬、シベリア犬とチワワでは、狼とシベリア犬のほうが似ていませんか?

ですから実際、この世界がどうなっているかということとはある程度、無関係に、「イヌ」と「イヌ」でないもののあいだに、線が引かれていて、その線の内側を「イヌ」としている。これは、人間の都合なんですね。「イヌ」という言葉ができた途端に、その線引きが自明のものとなってしまい、それ以外の考え方ができなくなるという特徴があるんです、人間には。そしてそれは、「イヌ」という言葉を使っている人びと全員を拘束してしまう。

そこで得られる確信。

世界には犬がいる。

犬は、「イヌ」と呼ばれるモノである。すべての生き物は、あるいはすべてのモノは、犬であるか、犬でないか、どちらかである。どんなモノを見せられても、私はそれが犬か、犬でないか、判断できる。こういうふうに、確信するわけです。

よく考えてみると、この確信には、根拠がない。だって、これまで見たこともないような、犬と狼の中間というのがありうるでしょ。でも、どんなに中間があっても、「シロ」と「ハイイロ」と「クロ」があるから、これは白、これは灰色だと、私は決められるって思っているのと、ほぼ同じ理由で、世界は名詞によって、きちんと区切られていると確信するのです。

そうすると、世界は名詞の集積になって、名詞によって指されるモノの全体になって。つまり、意味ある空間になります。

だけど、名詞ひとつを取っても、問題はまだまだ複雑なのであって、バートランド・ラッセルとか、ヴィトゲンシュタインとか、もっと最近の哲学者とかが、ああだこうだと議論しても、名詞とは何なのか、一向に決着がついていません。

意味を共有する

言葉の、すばらしい性質。目の前にそのモノがなくても、そのモノがあるかのように、考えることができます。

動物は、目の前にバナナがあれば、そのバナナのにおいを嗅いだり、見たり、触ったりって、いろいろできるけれど、目の前にバナナがない場合に、バナナのことを考えるのはなかなか難しいのです。

人間は、「バナナ」という言葉があるので、バナナが目の前になくても、「バナナを買ってきて」とか、「バナナよりレモンのほうが黄色いよね」とか、そういうふうなことを言ったり、考えたりすることができます。これって、ほんとうに、すごいことなんです。

それから、モノは共有できるとは限らないが、言葉は共有できます。相手に話せばいいんですから。言葉を共有して、やり取りをしてるということは、世界の意味を共有してるということです。これは、人間が同じことを考え、同じように行動するための、非常に重要な前提になります。

この、人間と人間が協働する能力をえたことによって、ほかの動物を上回ることができ、ほかの動物に襲撃されるということが、ほぼなくなりました。仲間の安全を確保することができ、つまり、社会ができた。人間が協力し合うことは価値があることで、自分にプラスになると、全員が思うようになりました。

こう思わなければ、みんな、一匹一匹、独立に暮らすでしょう。人間は一匹一匹、独立に暮らすのを、とっくのとうにやめて、一緒に暮らすことの利益をどんどん拡大してきているわけですが、それもこれも、言葉があるから可能になっています。

現実と違った世界

言葉のすばらしい性質、その二。否定。なになにで「ない」と、言うことができます。英語だと、ｎｏｔですね。

否定って不思議ですね、これはリンゴでは「ない」とか、リンゴがないにもかかわらず、リンゴを引き合いに出して、ミカンのことをそういうふうに言うことができる。これで、現実が、すごく複雑になるわけです。思考が、知覚（見るとか、聴くとか、外界の情報を処理する）以上の、処理能力を持つことができます。

知覚は、動物にもあります。思考は、人間にだけあります。なぜかというと、言葉があり、名詞があり、そして否定ができるから。否定は、現実に対応していないのです。よく考えてみると、否定って、何だろう。きょうは水曜日じゃない、とか。

否定と並んで、大事なものは、仮定です。もしそのバナナをくれたら、私はこのミカンをあげるよ。仮定は、現実に生じていることの、反対を考える能力です。思考の一番根本には、こういうはたらきがあって、外界と頭の中とが独立になるのです。

言葉が現実をつくる

言葉のすばらしい性質の、まだ続き。

言葉には、執行（パフォーマティブ performative）という性能があります。

どういうことかと言うと、言葉は、世界を記述しているだけではなくて、世界をつくり出し、現実をつくり出すというはたらきがあるのです。

伝統的な哲学は、この点に注意が足りませんでした。言葉は、世界を記述しているだけだから、哲学は世界を研究すればよい、と考えていたんですけど、現代哲学は、言葉の研究もしないといけないというふうに、変わってきました。なぜなら言葉は、人間の現実をつくり出しているからです。

例その一、命令。「あっちへ行ってろ。」

「あっちへ行ってろ」っていう言葉に対応する現実は、ないわけです。あんたはここにいて、私はここにいて、記述だったら、「二人がここにいます」です。「あっちへ行ってろ」っていうのは、それと違って、命令です。

命令というのは、発話者の意思なんですけれど、命令である以上、まだ実現していません。それを意思として相手に伝え、それをきいたら、新しい現実（あんたがあっちへ行くということ）が、生み出されます。世界がある→言葉がある、のではなくて、言葉がある→世界がある、なのです、命令の場合。


これに類すること。宣告。

「被告人を死刑にする」と、裁判官が言う場合。「この船をクイーン・エリザベスⅡ世号と命名します」と、進水式で宣言する場合。親が子どもに名前をつける、でもよろしい。すると、その名前で指されるものが、存在し始めます。宣告した内容が現実になります。


約束。「あした、三時に、ハチ公前ね。」

三時にハチ公前で、あした、会うかどうかは、あしたになってみないとわかりません。約束の結果、双方が拘束されて、そういう現実が出現する可能性が高いけれど、それは世界を記述してるわけではなくて、約束したことを二人が努力して、実現しているのです。社会はこうやって、言葉によってつくられていくのです。

告白。「あなたのことを好きです。」

「あなたのことを好きです。」っていうのは、あなたが好きだという客観的事実があって、それを報告しているのとは違います。「あなたのことが好きです。」って言うことが、あなたのことが好きですっていうこと、なのです。もしも言わなければ、好きだったことになりません。愛情は、こういう側面を持っていて、態度で示さないと、愛情があることになりません。プレゼントとか、告白とか。

愛情もそうですが、人間関係はこうやって、言葉でつくられていくのです。好意とか、反感とか、約束とか。

言葉を手に入れることによって、人間は、ほかの人間との関係を築いていけるようになりました。この能力のうえに、家族とか、友人とか、組織とか、いろいろなものが出来あがっていきます。最も基本的な、社会技術です。

社会について考えるのは、だから、言語について考えることを抜きにして、何にも考えたことにはならないと、私は思います。そして、こうしたことはまだまだ研究中なので、専門の学者たちでも、うんと先のほうまで考えることができているとは言えません。

言葉と知識

言葉を通じた知識の共有、伝聞という現象があります。

伝聞とは要するに、人に聞いたので知っている、ということです。「ねえ、ねえ、知ってる? ○子ちゃんのお母さん、元アナウンサーなんだって」みたいに。○子ちゃんとは、会ったことがあります。○子ちゃんのお母さんとは、会ったことがありません。でも、教えてくれた友人は何かのきっかけで、○子ちゃんのお母さんが元アナウンサーだったということを、知ったのですね。「あー。そうだったんだー」みたいに、私の世界がひとつ広がります。それは、教えてくれた友人の世界が、私の世界にもなったということです。

伝聞によって、自分ではないほかの人びとの経験や知識を、自分の経験や知識に接続することができます。また、自分の経験や知識を、別な誰かの経験や知識に接続することができます。

これを繰り返すことで、どれぐらい社会が豊かな意味で満たされていくか、わかりますね。

昔々のことを知ってるおじいさんとか、昔々のことを知ってるおじいさんの話を聞いたおじいさんとかから話を聞いて、自分がこの世界に存在する前の世界のことをいろいろ知ることができます。隣村のもの知りのひとの話を聞いたひとの話を聞いたとか、隣村の隣村のもの知りのひとの話を聞いたひとの話を聞いたひとの話を聞いたとか、時間的にも空間的にも、いくらでも広がっていける。伝言ゲームです。

伝言ゲームが、内容があやふやになっていくことは、誰でも知ってると思います。あやふやにならないためには、どうするか。決まった言い方（たとえば、詩のようなかたち）にしたり、いろんな技術があります。内容が拡散しないように、しっかり伝える技術として、諺とか、言い伝えとか、物語とか、いろいろなかたちの知識が、社会にはいくつも共有されているものなのです。

文字の威力

あるときこれが、文字に書かれます。

文字というのは、すばらしい工夫で、言葉を写し取るモノというか、記号なんですね。言葉は、文字に写し取られた時点で、固定したモノになって、もはや変化しなくなります。そして、繰り返し再認できます。

文字を再認することを、読むといいます。

そうすると、伝聞と違って、あいだに誰かを介さなくても、いつでも言葉が再現できます。言葉が到達する距離が、時間的にも空間的にも、無限に拡大するということです。私たちは、二千年、三千年前に書かれた書物を読むことができます。社会の中で、意味が伝わる到達距離が延び、時間が延び、社会を組織する力もまた、どこまでも拡大します。これが、文字の威力です。

文字は最初、税を集めるのに便利で、政府が使ったものといいます。そのほか、占いにも使ったようです。契約を書きとめることもできます。政府のように、かなり広い地域の社会を統治しようとする場合には、役に立つ技術です。

文字は、どんな知識でも書きとめることができます。そこに社会を生きる知恵が凝縮されています。いまの私たちの社会は、子どもたちはまず、文字を覚え、そのあと文字で書いてある本を読んで、職業のスキルや、生きるのに必要な情報や、芸術や、文化や、さまざまなことがらを文字を通して受け取るという、スタイルになっています。IT技術なども、この延長上にあります。IT技術も大事ですが、文字の発明のほうが、はるかに大事だったと言えるのです。

このように言語は、社会を可能にし、豊かにする、大切な人間の活動です。言語の性質をよくわかり、言語をうまく使いこなして、この世界を豊かに生きること。

これは、一円もお金がかからず、誰でもすぐにできて、実りのある生き方だと思うわけです。

戦争　*war*

戦争とは、《暴力を用いて、自分の意思を相手に押しつけること》、をいいます。（これは、クラウゼヴィッツ『戦争論』の、有名な定義です。）

《自分の意思を相手に押しつける》とは、どういうことでしょう。自分がこうだと言い、相手がああだと言い、意見が違って、話し合っても決着しないときに、腕力に訴えて、相手に無理やり自分の言うことを聞かせること、です。

よくあるでしょう、こういうことが、世の中に。

個人と個人がこういう状態になると、ケンカです。ケンカは、殴りあったり、とっ組みあったりします。そうして、弱いほうが負けて、強いほうの言うことを聞くことになります。

ケンカも、戦争です、広い意味では。でもふつう、戦争は、一人ではやらない。大勢で、集団と集団で、やりあうものをいいます。じゃあ大勢なら、戦争なのか。ヤク

ザの出入りや、暴走族の殴りあいも、集団・対・集団で、大がかりです。でも、人数が多いだけで、その本質はやはりケンカにすぎません。

戦争が、ただのケンカといちばん違うのは、集団で暴力をふるっている人びとが、それが「正しい」ことだと信じていることです。ケンカの場合はどこかで、いけないことだと思っているので、後ろめたい気がします。戦争は、ケンカとは違って、戦うことは名誉で、正しいことなのです。

そこで、戦争に勝った場合には、ほめられます。戦争に負けた場合には、捕虜になったり、罰を受けたり、賠償金を払わされたりします。

戦争をする権利

では誰が、戦争をするのでしょうか。

最初、戦争をするのは、部族でした。

部族とは、血がつながった同士、ということになっている集団のことです。実際に血がつながっているかどうかはっきりしなくても、血がつながっていると信じているだけで、かまいません。部族の外には、血がつながっていないよその集団（よその部族）が、あちこちにいます。そしてしばしば、戦争になりました。

戦争の原因はいろいろですが、よその部族の誰かが自分たちの部族の誰かを殺したとか、怪我をさせたとかしたら、もう戦争です。大勢で押しかけていって、仕返しをします。やられたほうがまた仕返しに来て、とめどがなくなります。

昔は、政府も警察も、法律もなかったので、こうやって自分たちの安全を守っていました。この仕組みを「血の復讐」と言います。

部族でなければ、戦争をするのは、ムラでした。

ムラとは、一緒に暮らしている仲間（共同体）のことをいいます。血のつながりがなくてもかまいません。

ムラとムラも、しばしば争いました。たとえば、上流のムラが水を取ってしまって下流に流さない。この場合は「水争い」になります。

もっと時代が進むと、戦争をするのは、王さま（国王）になります。王は、部族のリーダー（酋長）と違って、血のつながりのない人びとも治めます。治める範囲が広いのです。また、税を取り立てます。そして、戦争が得意な、プロの軍人を抱えています。

王は、自分には戦争する権利があるが、ほかの人びとには戦争する権利がない、と言います。税を取る代わりに、お前たちを守ってやっている、とも言います。人びとは、守ってもらっているなら、まあいいやと、税を払い、王に服従します。

王が強くて、ほかの王が攻めてこないと、戦争がないので平和です。王が弱くて、ほかの王の子分になっている場合も、戦争がないので平和です。王と王とがにらみ合って、どちらも手出しができない状態も、戦争がないので平和です。

このように平和とは、戦争がないこと、をいいます。

それは、王と王、集団と集団の力関係によって決まります。力関係がつり合っていて、ちょうど戦争が起きない状態になっていることを、パワーバランス(力の均衡)といいます。

これまで人類の歴史は、戦争の歴史でした。でも、戦争と戦争のあいだに、平和な時代がありました。戦争をなるべく減らし、平和を実現する。これが、人びとの知恵だと思うのです。

戦争の道具

戦争では、相手に勝たなければなりませんから、いろいろ工夫があります。

その工夫は、戦争で使う道具(武器)にまず、あらわれます。

武器ははじめ、木や、竹や、石でつくっていました。やがて青銅、鉄などの金属が使われるようになりました。じょうぶで、鋭い刃をつくれるからです。そして、刀、槍、弓、鎧、盾などが工夫されました。

戦争に使う道具のうち、武器よりも大がかりなものを、兵器といいます。たとえば戦車(馬にひかせる、昔の戦車のことです)、軍艦(戦争用の、船のことです)、石投げ器(テコの原理で大きな石を遠くに飛ばす器械)、など。最近では、大砲、戦闘機、航空母艦、ロケットなど。

強力な武器・兵器をそろえて、軍人を訓練すると、戦争に勝つ確率が高まります。でも、予算がかかります。そこで、大きな国は大きくて強い軍隊を、小さな国は小さくてそれなりの軍隊を、もつのがふつうです。

こうして、いちばん大きな国は、戦争をしないのに、ほかの国に言うことを聞かせる力を持ちます。これを、覇権《はけん》といいます。

戦争の慣習法

戦争がケンカと違うところは、戦争は正しいとされていることでした。これを法律の面から考えてみます。

戦争の最中に敵を傷つけても、殺しても、罪に問われません。戦争でもないのに同じことをすれば、犯罪です。

戦争の最中に兵士がどやどやと、麦畑を踏み荒らしたり、農家に火をつけたりしても、弁償する義務がありません。ふだん、同じことをすれば、弁償しなければなりません。戦争の被害は泣き寝入りになるのが、大昔からの習慣（戦争法規）です。

そのほか、古代の戦争では、負けた側の捕虜を奴隷にできる、という決まりがありました。連れて帰って自分の家で働かせてもいいし、売り飛ばしてもいいのです。そこで古代では、戦争のたびに、たくさんの奴隷が生まれ、奴隷制社会が出来上がりました。

この習慣はしだいになくなり、近代の戦争では、負けて捕虜となった相手を、奴隷にしてもいけないし、いじめてもいけないことになっています。

これら戦争の際に守ることになっている法律を、戦時国際法といいます。なぜ国際法というかと言えば、戦争は、国と国の「あいだ」で起こるからです。

戦争と国際法

戦争は、合法なのでしょうか。

昔は、戦争は合法でした。王は、いつでも自由に戦争ができました。

この習慣は、つい最近まで受け継がれ、近代国家は、いつどんな理由であれ、戦争をしていいと考えられていました。この権利を、交戦権といいます。

けれども、第一次世界大戦があまりにも悲惨だったので、戦争は不法であるとする考え方が強まり、一九二八年に、パリ不戦条約が結ばれました。戦争はそれ自体、不法であるから、してはいけないと、国際社会が合意したのです。

ただし、相手が勝手に戦争を仕掛けてきた場合は、例外。自分を守るために、戦争していいと考えられています。この権利を、自衛権といいます。

自衛権には、一国だけで自衛する個別自衛権と、集団をつくってみんなで自衛する集団的自衛権があります。大きな国は自分で自衛できますが、小さな国は集団的自衛権でないと、自国を守れません。国連憲章は、個別自衛権と集団的自衛権の両方を認めています。

日本のような、大きくも小さくもない、中ぐらいの国は、どうすればいいのか、議論になるところです。

憲法 *constitution*

憲法は、手紙です。

人民から、国にあてた手紙。その国の政府職員に向けて、こうしなさいと約束させるものです。

手紙ですから、あて先があります。そのあて先は、国王かもしれないし、大統領や首相や、その部下かもしれません。そして、差出人は、その国の人民。これが、憲法です。

憲法も、広い意味では、法律です。

法律は、あらかじめルールを決めておき、人びとがそれに従うことです。

でも、一般の法律と、憲法を、ごっちゃにしないことが大事です。

一般の法律は、国が決めて、人民が守ります。人民の全員でなく、関係ある人びと（政府の職員や、特定の業界のひと）だけが守る法律もあります。警察官は、警察官職務執行法を守る、医師は、医師法を守る、などです。

憲法は、この向きが正反対です。人民が、約束を守らせる側。国（政府や議会や裁判所）が、約束を守る側です。人民が政府に言うことを聞かせるところに、憲法の本質があります。

議会のはたらき

さて憲法は、ずっと以前からあったものなのでしょうか。

しばらく前まで、たいていの場所で、憲法など影もかたちもありませんでした。それでも社会は回っていました。たいていの場所で政府があって、税金を集めていました。人びとは働き、家族を営み、政治も経済も文化も、円滑に営まれていたのです。人びとが生きていくのに、憲法は必要なかった。こういう時代が、長く続いていました。

憲法がないと困る点を強いて言えば、政府が暴走すると止めようがないことです。人民にああしろこうしろと、国王が命令して、法律で決めます。その国王が、正しくないこと、間違ったことを命令した場合、人民は困ります。また人民は、国王にこうしてほしい、ああしてほしいと要求があっても、国王に伝える方法がない。たまたま国王の友だちなら、要求を伝えられるかもしれませんが、大部分の人民は、そんなルートを持っていないのです。

そこで、いくつかの国ではだんだん、憲法のもとになる考え方が、生まれました。人民の要求するように政治を行なってくれませんか、と意見を述べる仕組みです。その仕組みが、議会です。議会は、憲法より古いのです。

議会には、人民のさまざまな階層を代表する人びとが、集まりました。選挙による場合も、選挙によらない場合もあります。そして議論をして、税金について決めました。税金を集めるのは国王ですが、その金額や、集め方について、議会が決めることにしたのです。

議会に集まっているのは、税金を納める人びとの代表。国王は、税金を集める側。国王は、税金をたくさん集めたい。納税する側は、まけてもらいたい。そこで、納税者の代表である議会が、同意した場合に、国王が税金を集めてよろしいという仕組みなんですね。

議会で税金の額を決めることを、予算といいます。議会は予算を審議するところです。そのほか、重大事件について、裁判を行なう場合もありました。

アメリカ合衆国憲法

さて、いまのようなかたちの憲法を最初につくったのは、アメリカ合衆国だと言われています。

アメリカ植民地の人びとは、独立を宣言し、独立戦争を戦って、イギリス軍に勝ったあと、「アメリカ合衆国」をつくりました。そのとき、アメリカ合衆国の「憲法」なるものを取り決めたのです。

アメリカはそれまでイギリスに属し、いくつもの植民地に分かれていました。ある程度の自治を認められていましたが、植民地なので、人びとは本国イギリスの国民だったのです。

さて、イギリスには議会があって、税金について議論し、決まったとおりに国王が税金を集めました。ところが植民地は、本国の議会に代表を送っていませんでした。それなのに、イギリス国王は植民地に勝手に税金をかけました。アメリカ人は抗議しましたが、無視されたので怒って、実力行使に訴えました。これがボストン茶会事件

（一七七三年）です。インディアンに扮装したアメリカの急進派の人びとが、イギリスの船に押し入って、茶箱を海に投げ込んで暴れたのです。

そのときアメリカ人が唱えたスローガンは、「代表なければ、課税なし」。税金を集めるならば、議会に代表を送って、意見を述べさせてからにしなさい。自分たちは代表を送っていないのだから、税金も払わない、という言い分です。

というわけでイギリスと戦争になったのですが、アメリカは植民地で弱いので、団結しないと勝ち目はない。そこで、一三の植民地が、州となって、固く結束することにしたのです。州とは、英語でステイト、つまり国にあたります。そして統一の「アメリカ軍」をつくりました。その司令官が「大統領」です。そして独立を勝ち取ろうと、独立宣言にみなが署名し、一般の市民も銃を取りました。

この戦争にやっとのことで勝利して、制定したのがアメリカ合衆国「憲法」です。この憲法の狙いは、ずばり、国王の出現を阻止することです。せっかく国王と戦争をして、市民たちの国をつくったのに、大統領が国王になったりしたら、元《もと》の木阿弥《もくあみ》です。何のために独立したのかわかりません。そこで、任期を決めて、大統領は四年たったらもとの人に戻る、みたいにしました。それに大統領は、選挙で選ぶので、大統領の子どもが自動的につぎの大統領になったりしません。そのほか、アメリカ合衆国をつくるにあたって、やっていいこと、いけないことなど、大事なことをいろいろ書き込んであります。

そのあと世界にできた憲法はだいたい、アメリカ合衆国憲法をお手本にしていると言ってもいいでしょう。

憲法のなかみの、第一。政府機関をこうつくりなさい。議会があって、大統領がいて、裁判所があって、三権分立にすること。軍があって、大統領が指揮をとること。それぞれの政府機関の役割や、権限も決めます。

憲法のなかみの、第二。私たちの権利を守りなさい。政府は私たち人民の、生まれながらの権利を奪うことはできません。たとえば、生存権、幸福追求権、所有権、信仰の自由、言論の自由、集会・結社の自由、居住の自由、などです。

あと、憲法改正のやり方など、細かなことをいろいろ書きます。

アメリカ合衆国は、いちから出来た国なので、こういう憲法をつくりやすかったのです。アメリカにはキリスト教徒が多くて、契約を重視し、ものごとを文書のかたちではっきりしておく習慣があったことも、追い風になりました。

フランス共和国憲法

アメリカ合衆国が成立したあと、フランス革命が起こりました。

フランスの人びとは、国王や貴族がいないアメリカ合衆国をすばらしいと思って、応援していました。フランスの国王や貴族にみんな、困っていたのです。そんななか、たまたま、パリで暴動が発生し、それが全国に飛び火して、あれよ、あれよと言う間に、これまでの国王の政府に代わる、フランス共和国が出来あがっていきました。

その中心になったのは、議会。いろいろな名前の議会がつぎつぎ開かれては廃止され、革命を進めました。革命派の人びとは、国王の横暴を非難し、アメリカ合衆国憲法を参考に、フランス共和国憲法をつくり、高らかに人権を宣言したのです。

フランスの様子を見て、まわりの国々はびっくりし、革命をつぶそうとフランスに攻め込んだりしましたが、フランスの市民は勇敢に戦って、これを押し返しました。そのあと、大統領にあたる、ナポレオンが出てきました。

ナポレオンはフランス共和国軍を率いて、「自由・平等・友愛」の理想をヨーロッパ全体に広めるのだと、まわりの国々に攻め込みました。結局ナポレオンは、最後に敗けてしまいます。でも、フランスのようなやり方がヨーロッパ全体のモデルになったのは、ナポレオンの活躍のおかげです。

そのあとヨーロッパでは、国王がいる国も、憲法をつくるのが標準的なやり方となり、立憲君主制が広まりました。日本の明治憲法（大日本帝国憲法）も、このやり方にならったものです。

主権者とは

憲法と国民の悩ましい関係について、説明しましょう。

具体的には、「日本人」と「日本国」の関係です。日本国憲法を見ると、「われわれ日本国民は、日本国をつくります。……」のように書いてあります。まず日本国民がいて、そのあと日本国をつくるように読めます。日本国が影もかたちもなくても、日本国民がいなければなりません。

でも、ほんとうにそうでしょうか。日本国があるから、日本国民がいる、のではないでしょうか。

これは、ニワトリと卵のような関係です。日本国民が日本国をつくった、と考えなければならないのと同時に、日本国があるので日本国民がいる、という側面もあります。

読者の皆さんは、たぶん日本人だろうと思います。なぜ、日本人ですか? 「日本国籍を持っているから、日本人」でしょうか。じゃあ、なにかの理由で、国籍を取り上げられたら、あなたは、日本人でなくなるのか。どこかの外国が攻めてきて、日本国が解散を命じられたりしたら、日本人はいなくなるのでしょうか。

そうではない、と思います。たとえ日本政府がなくなっても、日本国民の大部分が死んでしまったとしても、あなたが、それは残念だ、やっぱり日本国があったほうがいい、と思うなら、あなたは日本人です。そしてあなたは、日本国をもう一度つくることができると思います。

このように、日本国をつくろうと思う人びと（人民）が、日本人です。これは、国籍がどうのという話ではありません。憲法にさかのぼる、いや、憲法のそのまた前にさかのぼる話です。

憲法に先立って、日本国をつくろうと思っている人民（あなた）。これを、主権者といいます（まだ国がないので、国民というより、人民というほうがよろしい）。

なぜ主権者かと言えば、人民が日本国をつくるのだから。そのために憲法を定めたからです。「主権在民」(日本国の主権は人民にある)とは、このような意味なのです。

そこで、みなさんは、日本国のあり方に責任を持って、いつも監視していましょう。

貨幣　*money*

貨幣は、大昔からあったわけではありません。

大昔は、生きていくのに必要なものは、やっぱりありましたけれど、それを直接手に入れたり、つくり出したり、交換していたりしていただけで、貨幣にあたるものはありませんでした。

人間が生きていくために必要なモノを、「財」といいます。英語でいえば、グッズ（goods）です。人間が生きていくには、いろんなモノが必要です。空気が必要だけれど、空気は、その辺にたくさんあるし、誰かが独り占めするわけにもいきません。水も、やはり必要ですけれど、まあまあたくさんあります。

それに対して、食料。これは、人間が手をかけないと手に入らないものなので、重要な財ですね。そのほか、さまざまな道具や、金属、宝石。有用で貴重なものはいろいろあります。これらを人間は、努力して手に入れていきました。

女性がなにより貴重

そういう社会で、人びとが関心を持ち、いちばんうまく配分しないといけない資源は、女性でした。女性から見れば、男性でした、と言っても同じことなんですけど、人間は身近な異性とすぐ結婚するのではなくて、ある程度、遠い関係の異性と結婚するものなのです。これが、世界中の決まりなんですね。なぜそうなのかは、深い問題だが、まあ、社会にそなわった、法則のようなものです。

というわけで、ある集団の男性は、自分の姉妹や娘と、結婚するわけにはいかないので、どこかに嫁がせなければなりません。そして、自分たちの妻となる女性を、どこかからみつけて来なければなりません。この、女性の流れが滞ってしまうと、社会が立ち行かなくなります。ではどうやって、女性の流通をスムースに解決すればよいでしょう。

ひとつのやり方は、バーター（物々交換）です。こちらの女性をそちらに嫁がせるから、代わりに、そちらの女性を妻に下さい。女性と女性を交換するのです。

もうひとつのやり方は、ぐるぐる回り。この村の女性は全員、右隣りの村に嫁いで行くが、妻となる女性は全員、左隣りの村から嫁いで来る。いくつもの村がこうしてつながって、結局、女性はぐるっと一周するかたちになるのです。この二つのやり方は、女性の流れを、決まったパターンに当てはめていることになりますね。

これとは違ったタイプのやり方は、嫁資《かし》。英語だと、ブライドプライス（bride price）というんですけど。お嫁さんを貰うときに、交換にお嫁さんの親に支払うことになっているモノのことです。牛一〇頭とか、すごく精巧な織物とか、タロイモ一山とか、相場が決まっています。経済的に役に立つ財を配分することと、女性を配分することを、いっぺんに解決してしまおうというやり方です。

女性のほかに、社会がとても注意して、人びとのあいだの交換に使う財のことを、交換財といいます。そういう社会では、交換財が交換されますが、それ以外の財はみな、自分でつくって、自分で消費していました。

これらの例をみるだけでも、伝統社会の人びとが、女性や財の交換にとても神経を使って、社会を組織していることがわかります。

市場のはじまり

さて、農業が始まって、職業が分化して、いろいろな人びとが、いろいろな生産物をつくるようになると、誰もが社会全体に必要なあるモノをつくって、自分が必要な大部分のモノは、その代わりにほかの人びとからわけてもらわないといけなくなります。交換財だけじゃなくて、大事な財はほとんど、交換されるようになります。どんな財でも、交換されるようになるのです。

さまざまな財が交換される場所を、市場といいます。

市場では、はじめはたぶん、物々交換をやってたかもしれないですけど、これは、なかなか効率が悪い。コメが余っていて、それと交換に壺がほしいのに、壺を持っているひとは、コメが欲しくなかったり、します。

で、自然発生的に、みんなが欲しがる、交換の仲立ちをするモノが、生まれてきます。

このモノが、何になるかは、場所によって異なります。たとえば中国では、貝だった。貝(遠くの海で採れたタカラガイ)を、市場で交換に使いました。

貝は、つくりだすわけにはいきません。つまり、量が一定しています。価値が安定

している、ということです。じょうぶで、何回でも使えて、持ち運びにも便利です。そして、これといった使い道がほかにありません。こういう性質のモノが、交換の仲立ちに便利なのです。コメを手放して代わりに壺が欲しければ、まずコメを貝と交換する。そして、貝を壺と交換すればよいのです。貝は交換に使えるので、誰でもが欲しがりますから、こういうことがすぐできます。

貝は、人びとのあいだをグルグルグルグル回っているだけ。貝そのものには、特に人びとの生活に役に立つというところはありません。

市場における、貝の役割を、「貨幣」ということができます。

中国では、貝を貨幣につかったので、経済活動に関係する漢字は、たいてい「貝」の字がついています。

中国ではほかにも、刀銭(刀の形をした青銅の鋳物)、米、塩、布、などが貨幣のように使われました。

貨幣のはたらき

貨幣とは、何でしょうか。

交換の手段というのが、貨幣の基本のかたちですけれども、経済学の教科書をみると、それ以外にも、あわせて四つの機能がある、と書いてあります。

第一が、交換の媒介。これは、いままで、述べて来たことです。

第二が、価値の尺度。市場のいろいろな財(商品)の値打ちを、貨幣と交換するといくら、というかたちで表現することができます。たとえば、卵が一二〇円で、自動車が一二〇万円、という具合に。

第三が、価値の保蔵。貨幣は、場所をとらず変質しにくい財が選ばれるので、コメや材木の代わりに、貨幣をしまっておくと、手軽に富を蓄えることができます。

第四が、支払い手段。税金を払ったり、罰金を払ったりするのに、貨幣を使うことができます。貨幣はふつう、最終的な支払い手段とされているので、相手が貨幣で支払うと言っているときは、受取りを断ることができません。日本では、相続税などの支払いの場合、現金で支払うのが原則ですが、物納（土地を納めること）したいと言えば、認められることがあります。

これら四つの機能があって、貨幣をもつことは役に立つので、貨幣を手元においておきたくなります。これが古典的な理論です。

これに対して、ケインズという経済学者はそのほかに、「流動性選好」という理由もあるのではないかという説を立てました。現金に比べて、定期預金や債券は利息がつくし、株券なら配当もあって値上がりするかもしれないので、有利です。でも急に換金しにくい。その点、現金ならば、うまい儲け口があった場合に、すばやく投資できます。

そこで、手元に少し余分の現金を置いておきたいと思うはずだ、というのが流動性選好です。ケインズは、これを組み込んで、ケインズ経済学をつくりました。

市場から資本主義へ

貨幣がある交換の場を、市場といいます。

貨幣と交換できる財のことを、商品といいます。

商品を貨幣と交換することを、売買といいます。

市場、貨幣、商品。これらは全部で、ワンセットなのですね。でも厳密に言うと、商品経済と市場経済は、ちょっと違います。

商品経済。これは、商品（貨幣と交換できる財）が存在する交換経済。

市場経済。これは原則として、すべての財が商品になった交換経済。商品経済がもっと徹底して、なんでもお金で買えるようになった経済をいいます。

伝統社会では、財のなかにも、売り買いできないものがあります。たとえば江戸時代、農地は売買禁止でした。農地が売買禁止だと、工場が建てられません。武士は副業禁止で、自分の労働力を売ってビジネスに参入することができませんでした。できないことがいっぱいありました。

市場経済になると、登記の制度があって、この土地は誰のものか決まっています。お金を積めば、必ず売ってくれます、よほどのことがないかぎり。こうしてすべての財が売買可能になれば、土地・資本・技術・労働力と、いろんなものを最適に組み合わせて、経済活動ができるようになります。商品経済ではこれは無理だが、市場経済だと、それができます。これがすなわち、資本主義。だから、市場経済と、資本主義経済とは、実質的に同じものなのです。

資本主義はなぜ儲かるか

資本主義について、ちょっとだけ説明すると、これを詳しく分析したのは、カール・マルクスでした。マルクスはドイツの人なので、こんなふうにドイツ語の記号を使って、資本主義がもうかる仕組みを説明しました。

W……ドイツ語でWare、つまり「商品」のことです。

G……ドイツ語でGeld、つまり「貨幣」のことです。

この記号を使うと、

W－W'

は物々交換です。欲しいものが手に入るが、これでは儲かりません。

マルクスによると、資本とは、市場のなかでG（貨幣）が増殖する（増える）ことです。儲かる、と言っても同じです。

たとえば、

$$G-W-G' \ (=G+\Delta G)$$

は、市場で商品Wを買って、あとで売ったらもうかった、という意味です。安く買って高く売ったからで、これを投機資本といいます。投機資本は、価格差を利用しているので、投機をやればやるほど価格差がなくなって、儲からなくなります。持続的に拡大する資本、にはなりません。

$$G-G' \ (=G+\Delta G)$$

というのもあります。これは、金融資本（高利貸し）で、他人の富を収奪するだけ。社会の富を増やすことはできません。

これに対して、マルクスは、産業資本が、持続的に富を増やして儲かり続ける仕組みを考察しました。

記号で示すと、

$$G - W < \begin{matrix} Pm \\ Ar \end{matrix} \cdots\cdots W' - G' \quad (= G + \Delta G)$$

なおここで、Pmとは生産手段、Arとは労働力、の意味です。資本家は、工場など生産設備を整え、労働者を雇い入れて、生産活動を行ない、商品をつくって売ると、儲かります。なぜ儲かるかというと、労働者の賃金（労働力の価値）は、労働者の生活費（労働力の再生産費）で払われるのに、労働者の労働は、それより大きな価値をうみだすから。その差額を、資本家が自分のものにしてしまう（搾取する）からだ、とマルクスは言いました。

このようなマルクスの分析は、いまでも一定の説得力をもっています。

金本位制から管理通貨へ

資本主義がうまく運動するためには、貨幣が進化する必要があります。

貨幣は、中世も、ルネッサンスから近世にかけても、銀だったり、金だったりしました。貨幣が貴金属で、それ自体に価値がないといけない、ということは、人間が信用ならない、ということと同じです。

貴金属は、純度がいろいろあったりしたので、重さを秤って使っていました。とても手間がかかります。そこで金貨みたいに、純度を一定にして、コインに鋳造して、いちいち秤らなくても流通するようにしました。金貨に一ポンドと刻印してあるから一ポンドなのですが、溶かしてもやっぱり一ポンドなのです。

この習慣は、金本位制となって、百年ほど前まで続いていました。

このやり方の問題点は、貨幣の量が一定で、あまり増えないことです。たとえば金を増やすには、鉱山で金を採掘し、精錬しなければなりません。増えても年一パーセントかそこらです。

それに対して、資本主義経済の成長率は、おおむねもっと高いのです。イギリスは、一九世紀を通じて、ゆっくり成長したからまだよかった。しかしアメリカとか、新興工業国は、急成長します。そうすると、貨幣が足りないという問題が起こります。経済の規模と、貨幣の量は、同じ割合で増えるのが理想なのです。

経済の規模を上回って、貨幣の量が増えすぎると、物価が上がります。これを、インフレといいます。逆に貨幣の量が足りないと、物価が下がります。これをデフレといいます。

そこで貨幣量をうまく調整できないか、ということになって、金本位制をやめて管理通貨を発行する国が出てきました。

管理通貨とは、早い話が、紙切れです。政府が貨幣の量を管理して、紙で印刷してしまうのです。紙だから、必要なだけ印刷できます。最初は、金と交換できる、と書いてありましたが（兌換紙幣《だかんしへい》）、そのうちそれもなくなりました（不換紙幣《ふかんしへい》）。

小切手の秘密

もうひとつのうまい工夫は、預金通貨という仕組みですね。要するに、小切手のことです。これはアメリカで発達しました。

アメリカでは、貨幣が足りませんでした。貨幣が足りないのに、農民は春先に、種もみや肥料を買いつけたり、農機具やいろんなものも買わないといけません。でも収穫は秋で、代金が支払えない。そこで銀行に、貸して下さい、なんですけれど、銀行もお金がありません。そこでバーチャルな貨幣というのを考えました。リチャードさん、あなたは一〇〇〇ドル、定期預金してください。引き換えに三〇〇〇ドル分の小切手帳をあげます。自由に小切手を書いてください。ジョンソンさん、あなたは三〇〇〇ドルの定期預金だから、一万ドルの小切手帳をあげましょうね、みたいな。で、みんな、現金の代わりに、「ジョンソンさんへ、肥料を受け取ったので、一二〇〇ドル払います。リチャード」みたいな紙切れを書いて、支払います。

それを銀行が集めて、小切手口座の金額を増やしたり減らしたりします。実は定期預金も、した「つもり」なので、現金はどこにもありません。そういうバーチャルな、支払いの仕組みを考えたのです。秋になったら、すべての貸し借りを決済して、おしまい。来年また同じことをやりましょう、みたいな仕組みが、預金通貨です。

これは、資本主義経済に、うってつけなのですね。現金を使いません。そのかわりに、信用を使って、貨幣を貸しつけ、決済をします。

でもこれは、いわばバーチャル貨幣ですから、銀行が倒産すると、えらいことになります。

そのほか、クレジットカード。電子マネー。ポイント。マイレージ。などなど、貨幣のようなものが、最近はどんどん増えてきているんですね。

昔は人間は、お金なんてなくても生きていけました。いまは、お金がないと、生きていけなくなりました。

なぜお金は足りないのか

お金はいつも、ちょっとだけ足りないものなのです。誰もが、もうちょっとお金があればいいのにな、と思うように出来ているんです。

これがお金の、はたらきです。

お金が足りないと、どうなるかというと、どうやったらお金が手に入るかと考えます。働いて、稼ぐしかありません。お金のためだ、仕方がない。そうやって、みんなのやる気を引き出し、みんなが働いて、世の中を成り立たせる分業のネットワークを動かしているのですね。

あなたは、お金がたくさんあると、幸せかもしれない。そうしたら、会社なんか辞めちゃうかもしれません。でも、ちょっと待って。もし隣のタナカさんも、向かいのサトウさんも、ワタナベさんも、全員、どういうわけか、お金持ちになったとする。そうすると、みんな働かなくなってしまうのです。

その人たちが働かないと、あなたは実は、とても困ります。タナカさんは銀行員をやめちゃって、サトウさんは農業をやめちゃって、ワタナべさんは学校の先生をやめちゃって。そういうサービスを、あなたは享受できなくなるのです。

こう考えると、世の中の大部分の人びとが、ちょっとお金が足りないなと思って、仕方なしに働いてるという状態から、あなたはものすごく利益を得ているのです。それはおあいこで、あなたが、いつもちょっとだけお金が足りない気がするので、仕方なしに働くのだけれど、そのことから、みんなは利益を得ているのです。

ここにお金の本質があります。

ゆえに、お金がガバガバ儲かるなんていうことは、ありっこない。そんな夢みたいなことは考えず、まじめに働き、質素に暮らし、ちょっとは貯金をしましょう。

資本主義 *capitalism*

資本主義とは、資本が、特別なはたらき方をする経済のことですね。

まず、資本から見ていきましょう。

資本は、元手のようなものです。元手が、もっと増えるなら、資本です。どうやって増えるかというと、市場の中で、売り買いをしたりしながら、増えていきます。

元手と資本は、どう違うかと言うと、元手のほうがもっと一般的です。たとえば、農業を考えてみると、最初に種もみを蒔《ま》いて、あとで収穫します。種もみよりもずっとたくさん、収穫できます。一粒が、三十粒にも百粒にもなったりします。でも、種もみを資本とよべるかどうかは、微妙です。交換とか市場とかがなくても、農業は自分ひとりでできますから。

元手を、市場での経済活動を通じて、増やすのが、資本です。

市場での経済活動、という点が大事です。みかけは似ていても、ギャンブルみたいなものは資本とは言えません。

ギャンブルは、競輪でも競馬でも、カジノでもよいのですが、元手を賭けます。賭けた結果、ルールに従って、儲かったり、賭け金を取られたりします。どちらになるかは、わからないのですね。ギャンブルには、全体を取り仕切る胴元がいて、賭け金を右から左に動かしています。なんの生産的な経済活動もしていません。全体として富は増えないのだから、資本とは言えないのです。

ゆえに、ギャンブルの期待値は、ゼロ以下です。平均すれば、誰も儲からないようにできています。それなのに、まじめに働く代わりにギャンブルをやり出して、止まらないひとが出てくるのですね。病気です。ほどほどにしないと。

これに対して資本は、経済活動を通して、確実に儲かるだろうという計算が立ちます。確実に儲かるのはなぜかというと、投下したお金を元手に、価値を生み出しているからです。

資本主義のチェックポイント

経済が、資本主義かどうか、見極めるポイントがあります。

単にモノが、お金で売り買いされているだけでは、資本主義ではありません。ただの商品経済です。その経済の、生産活動を成り立たせる「生産要素」が、商品として売買されていることが、資本主義経済であることの、必要かつ十分条件です。

生産要素とは、つぎの三つをいいます。

資本……工場や機械設備のことです。資本市場は、典型的には、株式市場です。

労働……労働者の、労働力のことです。労働力は、賃金とひきかえに、時間単位で商品として売ります。

土地……経済によって生産できない、資源のことです。土地のほかに、水や空気やあらゆる自然資源を含みます。

経済が資本主義なら、資本市場、労働市場、土地市場、の三つがそろっています。それだから、資本と労働と土地を組み合わせて、効率的な生産組織をつくることができるのです。

江戸時代の経済は、資本主義だったでしょうか。

銀行が未発達で、株式市場がなく、資本市場は確立していませんでした。

士農工商の身分制で、職業選択の自由がなかったうえ、労働契約が前近代的で、労

働市場は確立していませんでした。たとえば、年季奉公。労働時間も契約期間も報酬も、あいまいで、まるでただ働きでした。

農地など土地の売買が自由にできず、地下資源も自由に採掘できないなど、土地市場が未発達でした。

資本・労働・土地の市場が確立していなかったのですから、資本主義とは言えません。明治政府は、それらの市場を急いで整備し、資本主義経済を推進しました。

さて、資本主義社会では、土地も労働も資本もみな、持ち主がいます。労働を持っているのは労働者。資本を持っているのは資本家。土地を持っているのは地主です。それらの人びとが合意して、契約を結び、生産活動を行ないます。労働者は賃金、地主は地代、資本家は配当を受け取ります。賃金や地代は市場の相場で決まりますが、配当は儲かると増えます。資本家が儲かるようにできているのですね。

これら生産要素には、値段がついていますから、それらを最適に組み合わせて、合理的に生産活動を行ない、なるべく利潤があがるように経営を行ないます。資本主義はギャンブルではないのです。

さて、これだけの資本がどこから蓄積されたのでしょう?

資本を集める仕組み

ひとつのやり方は、資本家が自分で貯金することです。最初は個人企業だったものが、だんだんだんだん大きくなっていきます。それは、自己資本です。自己資本が大きくなるには、それなりに時間がかかります。

銀行から借りるやり方もあります。多くの人びとが銀行に預金します。銀行は利子を払うので、タンスに貯めておくよりましだと思うのですね。まとまった預金をもとに、銀行は儲かりそうな企業に、お金を貸します。もちろん利子をとります。企業はそのお金をもとに、新しい工場を建てたり、労働者を雇ったり、原材料を買ったりして、事業を拡大することができます。

企業が直接、資金を集めるやり方もあります。株券を発行するのです。一株あたり出資金いくらいくら、と書いてあります。こうして集めた資金で、事業を拡大し、利潤があがったら株主に配当します。配当が多いと、儲かるというので、その企業の株券が値上がりします。最初に株券をもっていたひとは、それを売れば、うんと儲かります。はじめから、値上がりしたら売るつもりで、株券を買う人びとも多いのです。株券を売買するのが、株式市場です。お金さえあれば、誰でも株券を買うことができます。でも、企業の業績が悪くなると、株券は値下がりして損をするので、注意しましょう。

株券でなく、債券を発行して、単純にお金を借りるというやり方もあります。社債です。社債の持ち主は、お金を貸しているだけで、株券の持ち主（株主）と違って株主総会で経営に口を出したりしないので、都合のよい点もあるのです。社債には、利子がいくらと書いてありますが、業績が悪くてつぶれそうな企業の社債はどんどん値下がりしますから、注意しましょう。債券の売り買いをするのが、債券市場です。

これらの仕組みによって、有望な事業があると、すみやかに資金をある会社に集めることができて、経済が活気づきます。その会社も成長します。こういうやり方が、資本主義です。

資本主義はこのように、効率的に経済を運営する仕組みで、よいことなんです。けれども、資本家に有利なように出来すぎていて、労働者のプラスにならないではないか、資本主義には反対だ、という考え方もあります。

世界に広まる資本主義

最初、資本主義のメカニズムが生まれたのは、イギリス、アメリカのニューイングランド、オランダなど、ごく限られた地域でした。

マックス・ウェーバーという社会学者の分析によると、これらの地域はいずれも、プロテスタント、特に禁欲的なピューリタンの影響が強い地域でした。資本主義がスタートするのに、ピューリタンの考え方が追い風になったのではないか、という説があります。

この説は、有力な説ですが、その反証になる例もあります。日本です。

日本は、プロテスタントはもちろん、キリスト教の影響もほとんどありません。にもかかわらず、明治以降、どんどん近代化して、資本主義を発展させ、世界有数の経済大国になりました。これをどう、説明すればよいでしょうか。日本人はどういうわけか勤勉で、資本主義の企業をつくるのに適性があったのです。日本だけなら、たまたま例外、ですみますが、最近は中国やインドや、キリスト教とやはりあまり関係のない国々で、資本主義が急成長しています。この理由をよく考えることは、キリスト教の文化伝統とやっぱりあまり関係のない、第三世界でこれから順調に近代化が進むのかどうか、その将来をうらなう重要な意味があります。

社会インフラの整備

資本主義経済が発展し、生産力が高まっていくのは、近代化の重要な柱です。そこで、貧困に苦しんでいる第三世界の国々も、早く近代化、資本主義化すればいいじゃないか、という議論があります。

そこで大事になるのが、社会インフラが整っているのか、です。インフラとは、インフラストラクチャー（下部構造）のこと。

社会インフラとは何かというと、道路。港湾。空港。通信。教育。法律。社会制度。管理・運営の能力。そのほか、その社会が資本主義の経済活動をするのに必要な条件のことをいいます。

こうした条件を、私企業（会社）が整えることは、ふつうありません。

たとえば、道路。道路は政府や地方自治体がつくるもので、会社はつくりません。

鉄道。鉄道は私企業がつくる場合もありますが、税金を使って政府がつくる場合もあります。すぐ採算があうとは限らなくても、長い目でみて必要な鉄道もあるからです。

港湾。これもふつう、政府がつくります。

教育。これもかなり政府が力を入れます。

第三世界では、私企業（会社）が活発でないだけでなく、そもそも社会インフラが整っていないのです。経済活動が低調なので、政府は税金が取れません。政府はお金がないので、社会インフラを整備できません。社会インフラが整備できないので、経済活動が低調になります。という具合に、悪循環になっているのですね。これでは、経近代化もできないし、資本主義経済も育ちません。

そこで、どこから最初に手をつければよいかというと、まず社会インフラを整備しましょう。でも、第三世界が自力でできないのなら、先進国が資金を提供して、社会インフラを造ってあげましょう。これを、ODA（政府開発援助）といいます。

日本がひところ、盛んにやっていたのはこれです。現地に会社をつくるのではなくて、会社が必要とするだろうもの（道路や、港湾や、……）をまず、整備します。お金がかかります。でも、これが整備されると、経済発展が始まります。日本の企業も進出できるんです。だから回り回って、その国の利益にもなるし、日本の利益にもなるはずだ。これが、ODAの考え方ですね。

ところが、ODAをいろいろやってみても、第三世界はなかなか、貧困を脱出できないことがわかってきました。社会インフラは、道路や港湾のようなコンクリートのかたまりではなくて、人びとの勤勉や合理的な行動様式を育てることなのです。それに向けた、新しいアプローチが必要です。

中国流の資本主義

最後に中国の、社会主義市場経済について考えます。

中国は、共産党の政権で、資本主義に反対していました。ところが、改革開放が始まり、鄧小平が出てきて、「社会主義市場経済」の看板を掲げました。

社会主義市場経済。奇妙な言葉です。社会主義とは、中国共産党の政権のこと。いっぽう、市場経済とは、マルクス主義の用語で、資本主義経済のことです。共産党が資本主義をやる、という政策です。マルクスが聞いたら、腰を抜かしそうです。でも現に、もう三〇年あまりもやっていて、とてもうまく行っているように見えます。

中国の経済が、資本主義なのかどうか。

これを見極めるカギは、さっき述べたように、資本市場があるか、労働市場があるか、土地の市場があるか、です。

資本市場は、存在します。国営企業は株券を発行して、株式会社になりました。商業銀行や証券会社があります。上海などに、株式市場があります。

労働市場もあります。昔は、学校を卒業すると、就職先を国が指定しました。その仕組みはいまは崩れて、めいめいが就職活動をします。企業も自由に、従業員を採用します。社会保険の仕組みも少しずつ、整っています。

労働市場が不完全なところは、都市戸籍と農村戸籍があることです。農民は、都市に戸籍を移すことができないので、出稼ぎ労働者として、都市で条件の悪い労働をしています。都市に人口が集中するのを抑えるためのやむをえない政策という面があるのですが、とても不公平です。

土地の市場も、あります。土地は全部、国の所有地ということになっていますが、その「使用権」を売買します。アパートも、一平方メートルいくらと相場があって、使用権を売買します。使用権は、五十年とか七十年とか長期なので、所有権のようなものです。

以上を考えると、社会主義市場経済は、限りなく資本主義経済にそっくりです。それを、共産党が推進している、世界でも珍しいケースです。これがこのまま安定するのか、注目されますね。

私有財産　*private ownership*

私有財産は、私たちの社会の基礎です。

ところが、この私有財産の制度は、そんなに昔からあったわけではありません。近代社会に特有の、新しい考え方です。

私有財産の反対は何かというと、共有財産。村でいうなら、山があって、みんなが利用します。薪を取ったり、炭焼き小屋を建てたり、羊の放し飼いをしたり、いろんなことができました。これを、入会地《いりあいち》といって、誰のものでもなくて、村全体で所有していました。

共有財産でない、村の田んぼは、私有財産だったかというと、これも微妙です。この田んぼは善右衛門、この田んぼは甚兵衛みたいに、所有者が決まっていますけれども、田んぼは家ごとに先祖から代々相続するもので、自由に売ることができませんでした。自分のものであって、自分のものでない。伝統社会の所有権は、近代の所有権とは違うのです。

田んぼだけではなくて、山林とか、商店とか、屋敷とかも、家ごとに世襲されていたので、個人の所有する私有財産とは言いにくい面がありました。自分の財産かどうかはっきりしなければ、処分（売ること）ができません。売買ができなければ、資源を最適に組み合わせることができなくなります。

明治時代に、土地の登記が始まりました。善右衛門や甚兵衛の土地を縄で測って、図面に書き入れ、面積も測って税金をかけます。入会地や所有者のはっきりしなかった土地も、適当なひとの名前で登記したので、あとで法律トラブルになりました。

法人の設立も認められました。明治二年に設立された丸屋商社は、初期の法人のひとつです。当時、人間のかたちをしていない「法人」は信用されないといけないというので、「丸屋善八」という架空の人物を代表者の欄に記載しました。これが、いまも続く書店の、丸善の起こりです。

法人企業のほかに、日本政府とか、陸軍・海軍とか、東京市とか、○○村とか、モノを所有することのできる団体が、いくつも生まれました。国や自治体が所有する財は、公共財です。

近代社会では、こうした団体が、大きな役割を果たします。

私有財産の特徴をまとめてみましょう。まず、モノは、必ず誰かのものです。不動産は、大事なモノなので、名前を登記します。動産でも、自動車のように大事なモノは、やはり登録します。それ以外のモノは、いちいち所有者の名前を届けませんが、誰のものかはやはりみな決まっています。

つぎに、所有権は神聖だという考え方があります。神聖とは、所有者でない誰かが勝手に使ったり、奪ったりしてはいけない、ということです。たとえ政府でも、私有財産に手をつけることはできません。政府は、私有財産を守るために設立した団体なのです。政府は、人びとの利益を守らなくてはなりません。具体的には、人びとの生命、安全。自由。信仰、思想・信条。そして、財産。これらを守ることが、政府の目的なんですね。

なぜ私有財産は、神聖か。それは、財産が人びとの自由の基礎だから、です。財産がなくて、すぐその日の生活にも困ってしまうひとは、自由でない。これが歴史の経験則です。自分の住むところがあって、何百万円か貯金があれば、会社で上役とケンカしても、「こんな会社、やめてやる！」とタンカを切ることができるのです。

政府と税金

政府は私有財産に、まったく手を触れないわけでは、じつはありません。むしろ、私有財産権を侵害しながら、活動します。

まず、税。税は、人びとの持っているものを無理やり取り上げることですから、私有財産に対する侵害です。

税には、いろいろな取り方があります。所得に対する税。消費に対する税。不動産に対する税。収入印紙税みたいに、取り引きのたびにかかる税。物品税（自動車税、タバコやアルコールにかかる税、などがあります）。法人税。固定資産税。相続税。それから、関税。

これらの税は、課税の根拠があるような、ないような。とにかく法律で決めて、無理やり取っているでしょう。私有財産権の侵害だと、言いたくもなります。

けれども、本当にそうでしょうか。政府は、税によって成り立つ団体ですから、税を取らないことにすると、存在できません。無政府状態です。無政府状態だと、警察も裁判所もありませんから、あなたの財産をどうやって守りますか？

自分で守るしかありません。武装するため、ピストルを買って、警備会社と契約して、かえって高くついてしまいそうです。それくらいなら、政府があって、警察がいて、軍隊がいて、裁判もやってくれて、つまり公共サービスを受けているほうがずっとよい。だから、ちょっとぐらい税をとるのは、正しいことなのだというのが、政府の考え方なのです。

相続税はあってよいか

税の一種に、遺産相続税というのがあります。

遺産相続税と、私有財産との関係を、考えてみます。

人間は、死にます。例外は、ありません。さて、そのひとがモノ（財産）を持っていたとすると、死んだ途端に、そのモノは所有者なしになってしまいます。どうしたらよいでしょう。ふつう社会には、相続という手続きがあって、別な人（相続人、たいていは子どもです）が、死んだ人（被相続人）の財産の所有権を受け継ぎます。

遺言があれば、なるべく遺言書のとおりに、遺言がなければ、日本の場合は法定相続の割合の通りに、分けてしまいます。国によっては、遺言書がないと、遺産は全部、国のものになる、というやり方もあります。すると一人残らず、遺言書を書くようになるのだそうです。

　さて、その相続のチャンスに、税金を取るのが、相続税です。どういう理屈で、そういう税をとるのでしょうか。

　思考実験をしてみましょう。相続税を一〇〇パーセントにしたとします。つまり遺産をのこらず国が取り上げてしまう制度です。どういうことが起こるでしょう。死にそうになったひとは、財産を子どもに残せなくて、国に取られてしまうのなら、生きているうちに使ってしまおうと、ラスベガスに行って財産を使い果たしてしまう。社会にとって、大きな損失になります。

　じゃあ、反対に、相続税をゼロパーセントにするとどうなるでしょう。親は、まあいいや、と思うかもしれないけれど、子どもは親が死ぬと、まるまる財産が手に入ります。遺産は不労所得なのです。こんなに楽しくていいのだろうか、とラスベガスに行って財産を使い果たしてしまう。やはり社会にとって、大きな損失になります。

　どっちも問題があります。そこで、相続税率は、一〇〇とゼロパーセントの、中間にしてあるのです。

遺産を子どもに残せると思うと、親は一生懸命働きます。そして、無駄遣いせず、貯金もします。私有財産制度を守るために、遺産相続という仕組みは、合理的な面をもっているのです。けれども、相続税率が低すぎると、社会の不平等を拡大してしまいます。相続税には、それを是正する役割もあるのです。

アメリカの奴隷制

アメリカは、わりに最近まで、奴隷制がありました。なぜ、自由の国アメリカで、奴隷制があったのでしょう。

アメリカが独立したのは、一七七六年。奴隷制の廃止は、南北戦争の際の一八六五年です。つまり独立してからも百年近く、奴隷制をやってるでしょ。その理由は、アメリカが所有権を神聖だと考え、否定しなかったから。

アメリカの奴隷は、アフリカで奴隷となって輸入されたものです。アフリカでは部族のあいだで戦争が絶えず、というよりも、奴隷貿易商がけしかけて戦争をやらせていたのですが、捕虜は奴隷になって、アメリカ大陸に運ばれました。それを買い取った農園主は、自分の私有財産だとして、奴隷に対する所有権を主張したのです。北部の州は、奴隷を禁止した州が多かったのですが、南部の州は、タバコや綿やサトウキビを栽培するのに、奴隷が必要でした。

北部の州と南部の州は、ことごとに考え方が違い、やがて戦争になりました。南北戦争（一八六一〜一八六五年）です。北軍が勝利して、合衆国憲法を修正し、奴隷制が廃止されます。南北戦争に勝利し奴隷制をやめさせたリンカーン大統領は立派だというわけで、尊敬を集めているのですね。

共産主義

私有財産こそは、人間の不平等の根源である。

財産は、最初は労働の成果だったかもしれないが、相続されれば資産階級が固定するし、利子や地代は、不労所得だから正当でない。資産が雪だるまのように膨れあがって、金持ちはますます金持ちになり、不平等が拡大する。これが社会の、矛盾と階級対立の原因である。

マルクス主義は、このように主張します。私有財産制度を、否定すればよいのです。こう考えではどうすればよいでしょう。

ると、共産主義になります。

共産主義と近い考え方に、社会主義があります。

社会主義は、不平等がなるべくないほうがよい、と考えますが、私有財産を否定すべきだ、とまでは言いません。不平等を是正するために、政府が、金持ちから多めに税金をとって、恵まれない人びとのために使うべきだ、と考えます。このような政策を、社会主義政策、といいます。

共産主義は、それは生ぬるい、と言います。私有財産制を残している限り、不平等の根源を断ち切ることはできない、私有財産制そのものをなくしてしまえ、という考え方ですね。共産主義のほうが、ずっと徹底しているんです。

社会主義を掲げる政党は「社会党」、共産主義を掲げる政党は「共産党」、を名のるのがふつうです。

さて、私有財産制を否定すると、どうなるかというと、国有か、集団所有かになります。共産党政権のもと、ソ連も、中国も、こういう制度になりました。

国有にせよ、集団所有にせよ、共産党の役人が、資本を管理するということです。資本家はいなくなったかもしれないが、代わりに、共産党の役人が大きな権力をもつようになりました。それ以外の人びとは、私有財産がなくなったので、共産党に対抗する方法がありません。自由を奪われてしまうのです。

国営企業で上役とケンカしたとします。「こんな会社、辞めてやる!」でも、国営企業なので、辞めたその日から、アパートから出ていけ、と言われてしまいます。収入もないし、再就職なんて無理です。ということで、誰も政府に反対できなくなります。それなら、民主主義なんか成り立つはずがありません。共産党の役人が特権をふりかざして、やりたい放題です。

ソルジェニーツィンという作家がソ連にいて、この体制のことを、「収容所列島」とよびました。収容所とは、強制収容所のことだから、ナチスがつくった強制収容所並みだという意味です。実際にシベリアの収容所に送られた人びとも多かったのですが、そうでない人びともほぼ同じだ、ということを言っているわけです。

それもこれも、私有財産をなくしたから。私有財産をなくすとろくな結果にならないということは、二〇世紀の歴史の教訓として、覚えておかなければなりません。

では、私有財産を絶対化すればいいのでしょうか。アメリカに、私有財産を絶対化する考え方があるので、つぎにこれをとりあげましょう。

リバタリアニズム

アメリカに、個人の自由や私有財産を絶対化する考え方があって、リバタリアニズムとよばれています。「自由至上主義」などと訳します。

リバタリアニズムの主張によると、所有権は神聖で、政府が税金を取るのは、泥棒に等しい。つまり、犯罪である。なぜなら、私的所有権を不法に侵害しているから。泥棒がいけないのなら、税をとることもいけないのです。

とはいえ、リバタリアンの人びとも、最低限の公共サーヴィスは認めます。警察とか、消防とか、救急医療とか、最低限の公共サーヴィスは必要だ、とします。その費用を税として集めることは、目をつむろう。ただし、それ以上の余分な公共サーヴィスのための、税を取るべきでない。可能なものはすべて、民営化すべきだ。民営化できるもの。水道。交通。刑務所。郵便。そのほか政府のいろいろな機関。軍隊でさえ、民営化してしまえ、という考え方なのです。

リバタリアニズムは、小さな政府の主張です。この考え方は、二〇年ほど前から力を得て、有力な考え方のひとつになりました。

リバタリアニズムの反対は、リベラリズムです。税金をたくさん取って、政府が公共サーヴィスや福祉を行なうべきだという考え方で、福祉国家をめざす大きな政府の主張になります。

リバタリアニズムは、政府は福祉をやるな、という考え方です。リバタリアニズムに反対したければ、こう言わなければなりません。政府は福祉をやってください。福祉をやると、費用がかかります。よろしい、必要な費用はよろこんで、税金で払います。その代わり政府が、責任をもって、公共サーヴィスや福祉をやって下さい。ちゃんとやっているかどうか、私たちは監視しますからね。これが責任あるリベラリズムだと思います。

わが国はリバタリアニズムでもないし、責任あるリベラリズムとも言えません。福祉国家は、大きな政府。すなわち、高福祉・高負担です。わが国の現状は、高福祉・低負担です。日本国民は、政府にいろんなことをやってもらっておきながら、そのコストを負担していません。国民は、おねだりするばかりで、財源のことを考えていないのです。

そうすると、どうなるかと言うと、国の借金が増えます。国債ですね。これがとんでもない金額になっていて、まもなく破綻します。そうなる前に、いずれ日本は、小さな政府か、大きな政府か、どちらかを選択せざるをえなくなります。大きな政府を選択するならば、私有財産は絶対ではないと、制約をおくことになります。高い税金を払っても、国民のあいだに公共サーヴィスを行き渡らせましょう、という選択をすることになるからです。

北一輝のプラン

税を払うべきであるという主張は、実は、私有財産を条件付きで肯定する、という意味にもなります。

私有財産の権利を認めるが、その条件として、私有財産に上限をもうけることにする、という考え方があります。これをはっきり述べているのは、北一輝です。

北一輝という思想家は、二・二六事件の黒幕だったとして、罪に問われ処刑されています。学校では、戦前のいわゆる右翼の大物だと習いますが、彼の主著『日本改造法案大綱』を読んでみると、皇道派青年将校とは正反対の、合理的なリベラリストだったことがわかります。

北一輝は、私有財産を、人間の自由の基礎だとして、擁護します。そして、私有財産を否定する共産主義に反対します。彼の自由主義は徹底していて、言論の自由や出版の自由を弾圧する公務員がいたら、刑務所に入れるべきだとしています。

そのうえで、北一輝は、資本家・財閥や大地主が、富を独占してこの国を歪めていると非難し、社会正義の実現を主張します。その手段は、クーデターで政権を奪い、国家改造を行なう議会を新しく選挙する、というものです。いまの議会は、既得権にあぐらをかく資本家や地主の代表で占められているので、改革の主体になれないと考えるからです。

北一輝の改革のポイントは、私有財産を制限することです。農地は一定面積まではよいが、それ以上は没収するか、有償で買い上げます。そして農民に安く払い下げます。株式会社は、一定の規模まではよいが、それを越えると国が没収するか、有償で買い上げます。いわば国有企業になるわけですが、経営は、ひき続き現在の経営者に任せます。農地解放と、財閥解体です。そのほか、都市部の土地はすべて市の財産とし、都市計画のもと有効に利用します。

北一輝の改革案をみると、政治権力を利用して資源を再配分する、社会主義の政策ですが、それは一時のことで、基本は人びとの自由を保証し、市場経済を信頼していることがわかります。そしてよく考えてみると、北一輝のプランと、占領下でGHQが行なった戦後改革とは、そっくりです。北一輝は、戦後の日本社会のあるべき姿を預言した、すぐれた思想家だということができます。

戦後改革の問題点は、私有財産権と公共の利益の関係が、すっきりしないままであることでしょう。都市部の土地は、私有地に細切れにされており、都市計画などないも同然です。農地も私権が強すぎて、成田空港をつくるのに農地収用もなかなかできませんでした。

近代社会で、所有権が絶対であるとは、私有財産をもってさえいれば何にでも対抗できる、という意味ではありません。土地も、すべての財産も、貨幣で換算して、置き換え可能なのが、近代社会の所有権です。しかるべき補償なしに、財産が取り上げられることはない、という意味なのです。

私有財産と公共の利益は、矛盾しません。調和できます。その調和を考え出す知恵が、私有財産については求められると思います。

PART

II

性 sex

性とは、体と体の関係、のことです。

人間は生きていますが、それは、人間の体が、生きているのです。体を持っていない人間は、いません。人間は何人もいますから、体もたくさんあります。その、体と体の関係は、この社会にとって、もっとも基本的な出来事のひとつです。ゆえに、性という現象は、この社会にとって、最も基本的な現象に違いありません。

性の根本は、人間が、生まれるということです。

人間は体として、体から、生まれます。人間の体は、ほかの人間の体から生まれるしかないのです。これは、すべての動物がそうであるのと同じです。今のところ、それ以外の生まれかたはないんですね。

親子の関係

生まれたものを、子どもと言い、生んだものを、親と言います。ふつうは、母親です。

生まれたばかりの子どもは、人間の場合、生きていく能力が低いので、しばらく親に依存して生活します。

親にしてみると、この期間は、育児をすることになります。育児とは、食事とか、排泄とか、安全の確保とかいったことを、すべて親が面倒をみている状態です。

これが、人間にとって、自分の体とほかのひとの体との関係を理解する、基本的体験になります。ひとことで言うと、これは、大変よいものです。そこで、自分が体として存在しているんだなということが、だいたいわかります。味覚とか、触覚とか、嗅覚とか、いろいろな感覚器官を使って、この関係を確かめます。

さて、少し大きくなると、親と離れるということを学びます。

親と離れているあいだには、まわりの世界（いろんなモノとか、よそのひととか、動物とか、植物とか、…）と接触して、そのあり方を学びます。どんなものでも、すべて初めてですから、とても興味深く、また驚きに満ちています。その世界を知る重要な手段が、自分の体です。

それからさらに、自分で歩いたり、食べたり、排泄したり、言葉を話したりできるようになって、子どもらしい子どもになり、さらにおとなになっていくんですね。

あそび

体と体の関係を考えてみると、体と体の関係は実は、人間と人間の関係です。子どもは遊びますが、これは、体と体のぶつかり合いです。動物もじゃれたりしますけれど、人間もそういうふうに遊びます。

でも、体と体は、直接に関係するわけではなくて、だんだん間になにかを挟んで、関係するようになります。

ひとつは、言葉を挟みます。

もうひとつは、道具を挟みます。たとえば今だったら、ボールとか。サッカーボールなどがあって、体と体で接触するより、間にボールがあったほうが面白い。こっちが蹴っ飛ばして、あっちが蹴っ飛ばして、こっちへ転がったりとか、そういうほうがおもしろいんです。

ボールじゃなければ、メンコとか、トランプとか、ひもとか、石ころとか、何でもいいんですけれど、何かを間に挟む場合が多い。それは、体と体の関係を間接的にして、抽象的にしていると考えられます。間接的で、抽象的になると、社会的能力がそれだけ高まったという意味になります。

おとなは、ふつうの社会生活では、体と体が直接に接触するということを、あんまりやりません。「きょうはいい天気ですね。」「ほんとにそうですね。」って、言葉で関係を確認したり、モノを間に挟んだり、お金を払ったりしてすませるのがふつうです。こういう間接的な関係は、大勢の、非常に広い範囲の人間を結び付けることができるから、社会にとって、とても大事なんですね。

愛を表現する

とはいえ、人間が体であるという事実が、なくなるわけではありません。体と体が直接接触する領域も、残ります。

体と体が直接接触するのには、ふた通りあります。ひとつは、プラスの関係。もうひとつは、マイナスの関係です。

プラスの関係から説明しましょう。

人間と人間の関係を、体と体の関係ととらえて、それをよいことだと、承認し、喜ぶということです。あなたが存在しているのは、よいことです。あなたが存在していて、よかったと私は思います。ということを、態度で表します。これはふつう、なでる、という動作になります。なでる、は手でやるんだけれど、ほんとうは叩いてもよいのだけれども叩かない、という象徴的な動作ですね。

ニホンザルの群れをみると、なでる場合もあるけれど、よく、毛づくろいをしています。毛をかきわけて、ノミなどのムシがいないかみてあげる。相手はリラックスして、気持ちよさそうにしている。ムシは、刺したり痒くなったり、マイナスのものです。そのマイナスを取り除くのだから、プラスの動作です。つまり、あなたがいてよかったということを、態度で示していることになります。そこで今度は、毛づくろいをしてもらったほうが、お返しに、相手の毛づくろいをしたりしますが、そこに、体と体の接触を通じて表現される、プラスの関係が生まれているわけです。

人間の場合も、接触することで、相手を承認し、好意を表現するやり方が多くあります。なでるのがもうちょっと間接化すると、握手するとか、ハグするとか、文化に

より社会によっていろいろあります。

母親は、育児の段階で自然に、小さい子に対して、あなたがここに存在していてよかったね、という態度をさまざまに表現します。スキンシップです。父親は、もう少し間接的ですね。でも、やらなくてもいいようなことをいろいろやって、それを表現します。「高い、高い」などです。

子どもが大きくなるに従って、そうした表現の頻度は少なくなっていって、あんまりやらなくなります。

暴力とは

以上がプラスの場合だとすると、その反対に、マイナスの場合もあります。

マイナスとは何かというと、相手の体に痛みを与えることです。暴力です。暴力は、殴るとか、蹴るとか、つねるとか、刃物で切りつけるとか、いろいろなやり方があります。血が流れることもあります。

こうした暴力は、何を表現しているかというと、おまえなんかいないほうがいい、おまえなんかあっちへ行け、おまえが体として存在していることを私は認めない、っていうことを、表現しているんですね。

だから、その最終的なかたちは、殺すことです。殺してしまえば、相手の体は、ほんとに存在しなくなってしまいます。

暴力には、軽いものから激しいものまで、いろいろ度合いがありますが、その極端にまで行くならば、相手に最大限の苦しみを与え、そして、相手の体を破壊し消滅させてしまうところまで行くわけです。

暴力の制度

さて、暴力は、どんな社会にもそなわっています。

どんな社会にも法律があります。法律に違反して、犯罪をおかした場合、刑罰を科せられます。

刑罰は、多かれ少なかれ、その人に苦痛を強いるものです。痛みを与えたり、自由を奪ったり、罰金を払わせたり、というかたちをとります。そうやって、その人の行為に対する、マイナスの評価を表現します。苦しくない刑罰は、ないのです。

刑罰のほかにも、自然発生的な暴力の文化も、あります。

小さい子どもはよく、ケンカをします。集団で争う場合もあります。おとなになりかけのころ、誰がリーダーか決めるために、一対一でやり合ったりもします。暴力団などでも、秩序をつくりだすために、暴力をふるうのはよくあることです。

そこで使われるのは体力。腕力ですね。けれども、純然たる腕力というよりも、知力（かけ引きとか、頭の良さとか、…）の要素もあって、どちらが強いのか決まります。どちらが強いのか、つぎつぎ決まると、暴力のピラミッドができます。

どんな社会にも、警察や軍隊のようなものがあります。社会には、最終的に人びとを従わせるために、そういう暴力の仕組みをそなえています。体に対して、マイナスの評価を与える可能性を、置いてあるのです。

暴力も広く考えれば、性の一種です。どうしてかと言うと、それは、体と体の関係だからです。

広い社会には、どこかに暴力が隠してあります。

家族の性

狭い社会（たとえば、家族）は、体と体のプラスの関係が核になっています。夫婦は、そういうものですね。

ふつうは、男女が選び合って、ほかのひとではなくて、あなたでよかった、いや私こそ、あなたがいてよかった、というふうに、ほかの人びとを排除して、相手を独占して評価するという間柄になります。それがいわゆる性行為（セックス）というものですね。

そして、夫となり妻となり、やがて子どもが生まれて、父となり母となるけれど、その家族の根本のところには、相手がいてよかったと、相手をプラスに評価する態度があります。

相手をプラスに評価するとは、自分がコスト（マイナス）を引き受けてもいい、ということです。たとえば、子どもが生まれたら育てましょうとか、生活のために働きましょうとか、年をとった親がいたら介護しましょうとか、そういうコストです。育児も介護も、あなたが大切です、と相手の体を大事にすることですから、喜びでもあるけれど、自分には負担でもあります。

そして、広い意味では、性です。あなたは体として存在して、ちゃんと生きていてください。よその人だったら、そこまでの関心はないかもしれない。でも、家族だから、それがあります。

それから、家族のために働くというものも、間接的ではありますが、生きるための条件を整えることですから、相手が体として存在していることを肯定することにほかなりません。家族のために働くことは、だから、広い意味では、やはり性です。

独身のひとがいて、自分のために働いているとします。それは自分で、自分が体として存在していることを、肯定しているということになります。回りくどい言い方をすると、そういうことになります。

男と女

男性と女性ということを考えてみます。

体の面から、女性を定義すると、

《子どもを生む可能性のあるひと、あるいは、あったひと》

と定義できます。男性を定義すると、

《人間のうち、女性でないひと》

と定義できます。

男性は、残余概念なのですね。

この定義からわかるように、性としては、女性のほうが本質的です。女性は、「生む性」だからです。

以上は、体の、男性と女性です。

心の、男性と女性もあります。心の面から女性を定義してみると、

《母親が同性であるひと》

と定義できます。同じく心の面から、男性を定義してみると、

《母親が異性であるひと》

と定義できます。心の面では、男性と女性は対称なのです。けれども、その軸は、やはり母親です。

心の男性を、もう少し説明しましょう。自分が生まれたときの、最も親密な相手、原点にあたる存在が母親です。これは、女性にとってもそうです。

さて、男性の場合、成長につれて、自分の親密な相手として女性を求めようとすると、それが母親であってはいけないんだ、という意識がはたらきます。それには、家族の外へ出て行って、よその女性を探さなければいけないんです。これは人間の、基本になる心のメカニズムですね。

この心のメカニズムを、近親相姦の禁止（インセスト・タブー）といいます。精神分析で有名なフロイトはこれを、エディプス・コンプレックスとして分析しました。

異性愛と同性愛

こうして大多数の人びとは、男性は女性を、女性は男性を、親密な相手として選ぶことになります。けれども一部の人びとは、男性が男性を、女性が女性を、親密な相手として選ぼうとします。これを、同性愛（ホモセクシャル）といいます。同性愛でないものを、異性愛（ヘテロセクシャル）といいます。

同性愛のうち、男性同士をゲイ、女性同士をレズビアン、といいます。相手は異性でもよいし同性でもよい、という人びともいます。これを、バイセクシャルといいます。最近は、外国では、同性婚（同性同士のカップルの結婚）を認める国や自治体も、少しずつ増えてきています。

異性愛が自然で、同性愛が不自然なのでしょうか。同性愛は、生まれついてのものなのか、それとも後天的な原因によるのでしょうか。さまざまな説があります。

昔は多くの社会では、同性愛は、不自然で、不道徳で、病気で、犯罪で、つまりとてもいけないことだとされていました。でも、最近は、それは先天的で、自然で、不道徳ではなく、病気でもなく、不法でもなく、社会が認めるべきものだと考える人びとも増えてきました。

この点ではアメリカが進んでいて、アメリカでは複数の州で、同性婚が合法化されています。また、同性愛に対する差別をなくそうという運動も盛んです。

日本の社会は、昔から、同性愛の割合がそれほど多くありません。人口の数パーセントと言われていますが、正確なところはよくわかりません。

この問題はまだ論争中ですが、社会の大勢としては、いわれのない偏見を同性愛に対して抱くのはやめましょう、という流れになっています。

性は恥ずかしいか

性について、人間の特徴をもうひとつあげると、羞恥心があります。人前で性にかかわる体の一部を明らかにしたり、性にかかわることを口にしたりするのは、よくないという感覚です。

これは、動物と比べると、はっきりします。動物は交尾を、隠すということをしません。隠すようにふるまう動物もありますが、それは、外敵の襲撃を恐れているためのようで、恥ずかしいからそうしているのではないのです。

人間は羞恥心があって、親密な関係を、ほかの人びとから隠そうとします。これはたぶん、人間の場合、家族と、家族より大きな群れ（社会全体）とが、区別されていることに関係があります。

親密な男女は、家族をつくって、群れの全体から自分たちを隔てるのですね。それで、家族の外の人びとに対するときには、家族の中の人びとと対するときとちょっと違った行動をする。みんなに見られてもいいように。つまり社会というものは、それだけ、性から切り離されているものなんです。

その合図として、服を着るのも、人間の特徴です。

社会の場では、服を着ている。そして、親密な間柄では、服を脱ぐ。服を着ていれば、恥ずかしくないのです。いまは社会モードだという意味になります。

そして服は、男性と女性の区別があります。服だけでなく、髪形とか、動作とか、男性と女性のしるしがいろいろあります。これは、男性と女性を間違えないようにという意味です。間違えたら、大変だったんですね。

ここまでのことは、社会の基本の基本だから、誰も不思議に思いませんけれど、よく考えてみると、とっても不思議です。なぜそうなっているのか、誰に聞いてもうまく説明できません。

日本では昔、お祭りなんかのときに、男の人が女の人の服を着たり、ふだんとあべこべの格好をして、楽しく大騒ぎをするという習慣もありました。

宝塚では、女の人が男の格好をして、舞台の上で架空の夢みたいな恋愛物語を上演します。観に行くのは、女の人たちで、男役の「男性」に熱をあげます。舞台の上にいる「男性」は実は女性ですから、熱をあげても安全だと、親たちは思って、娘に、宝塚なら行ってもいいよ、と許したのですね。

家族　*family*

家族があるのは、人類（ヒト）の特徴です。

家族は、人類にしかありません。

人類にいちばん近い動物は、類人猿です。チンパンジー、オランウータンなど。もう少し下等なニホンザルも、群れをつくって生活しています。群れをつくって生活しているところは、人類に似ています。でもよく見ると、チンパンジーやニホンザルでは、言うなれば、群れ全体が「家族」なのです。

ニホンザルの群れにはボスがいる。オスの猿ですね。それから二番手、三番手のオスや、まだ群れを出て行っていない若者のオスザルがいる場合もあります。残りは、メスと子ども。メスはみんなボスの「奥さん」です。奥さんなので、ボスザルと交尾します。そして生まれた子どもを育てて、母とその子ども、のまとまりをつくっているんだけど、それが、みんな、ボスの下にいるというかたちになっています。

これと比べると、人類（ヒト）の群れはだいぶ違っていて、家族がいくつか集まって、群れになっています。家族のメンバーの外に、群れのほかのメンバー（家族でないひと）がいる、というふうになっているんです。

サル同士の関係と、人間同士の関係は、質が違うということなのですね。人間は、家族と付き合うときと、家族じゃないひとと付き合うときで、態度が違います。サルはその区別がありません。その点、人間のほうが進化しているんです。

じゃあ、どこが進化しているか。

家族は何をするかというと、一緒に暮らして、生計がひとつになっています。食べ物とか、大事な資源（家や衣服）を分け合うのです。これは私の、これはあんたのって、家族ならあんまりうるさく言わないんですね。

家族と食事

生計がひとつであることの中心はやはり、食べ物です。家族は、食事を一緒にします。一緒に食事をするために、誰かが食べ物を手に入れても、その場所ですぐ自分ひとりで食べたりしないで、家族のところに持って帰ります。そして、みんなで食べま

す。小さくて食べ物を取りにいけない子どもも、身体の自由がきかないお年寄りも、みんな食事をすることができる。食事の時間も決まっていて、みんなで一緒に食べるんです。
料理をして食べるのも、人間の特徴です。ただ取ってきたものをそのまま食べるのではなく、焼いたり煮たり、すりつぶしたり、手間をかけて料理します。料理をしたものを食べる習慣があるから、手に入れた食べ物をすぐその場で食べたりしないようになるんですね。
料理した食事を、一緒に食べる。これが、家族の基本です。それは、食べ物を手に入れるために出かけなかったひとも、食べる権利があるということです。食べ物を手に入れたひとは、みんなに分ける義務があるということです。どうです、なかなかよい仕組みでしょう。ここに家族の本質があります。

子育てと介護

このことと関係がありますが、家族は、子育てと介護をします。人間は誰でも、赤ん坊として生まれて、だんだん大きくなって、最後は年寄りになります。そんな人間が、人間として生きていく条件を整えているのが、家族なのです。

動物と違って、人間は生まれてからしばらく、生存能力がいちじるしく欠けています。そこで、食べ物を食べさせたり、世話をやいたり、かなり長いあいだ育児や子育てをしなければならない。家族はこれに向いている。また年をとって、動きがにぶくなったり病気がちになったりすると、動物なら死んでしまいます。でも人間は、生存能力が衰えても、家族が食べ物をわけたり、介護したりするので、生き続けることができます。そして最期を看取るのです。これも人間が、ほかの動物と違う点です。

家族は、小さい子を守り育て、年寄りの面倒もみる。こうやって一生を送るのが、人間らしいことだと、みな思っています。そういう家族がいくつか集まって、群れをつくっています。

家族は、だから、子どもや年寄りに対して責任を持ちます。その中心になるメンバー（働きざかりで元気な、お父さん・お母さんみたいな人たち）が責任を背負って、家族を支えています。

群れのほかのおとなたちは、これは自分の子どもじゃないから、これは自分のおじいさん・おばあさんじゃないからって、子育てや介護をしない。あんたの責任でしょって、家族に責任をおしつける。こうやって、手分けをしているんですね。

どうしてこういうやり方ができたのか。その経緯はよくわかりませんが、今まで見つかっている人類はすべて、このやり方をしています。

そうするとこの、家族の中心になる男女のペアを、どうやってつくるかの問題があるのですが、これは項目を改めて、「結婚」のところでお話ししようと思います。

拡大家族

さて、家族にはいろいろなパターンがあるのですが、大きく分けるとつぎの二つです。核家族と、拡大家族。

核家族から説明すると、夫婦とその子ども、みたいに、最小限の人びとから出来ていて、その家族の中に夫婦は一組しかいない。誰かが結婚して夫婦が二組になりそうになると、分裂して別々の家族になる。これが、核家族です。こういうふうに家族をつくる社会が、世界中にわりに多くあります。

もうひとつは、拡大家族。拡大家族は、家族のなかに、二組以上の夫婦がいてもよい。

これにはいくつか類型があって、まず、兄弟がそれぞれ結婚しても、両方とも親夫婦の家族に残って、一緒に食事をし、生計をひとつにするというタイプです。拡大家族といって世界の人びとが思い浮かべるのは、このタイプです。

このやり方は不安定ですね。どうしてかと言うと、時間が経過するとともに、兄弟にまた子どもが生まれ、結婚するなどして、夫婦がいくらでも増えて行くからです。人数が増えすぎるので、適当なところで、分裂させざるをえない。拡大家族といっても、拡大には限度があるのです。

これに対して、日本のイエみたいに、上下に二世代か三世代の夫婦が一緒に家族として住む、というタイプもあります。たとえば、おじいさんとおばあさんがいて、その息子とお嫁さんがいて、その子どもがいる、みたいに。でも、兄弟（同世代）の夫婦は一緒に住まないで、ふつうは弟の夫婦がイエを出て独立します。日本人はこういうやり方になれているので、理解しやすいと思います。でも、こういうやり方をする社会は、世界にそう多くありません。（このタイプの家族は、拡大家族ではなく、別な三番目の類型だ、とする考え方もあります。）

実際にひとつの家族のなかに、複数の夫婦がいるかは、時期によります。たとえばいま述べた家族で、おじいさんかおばあさんの片方が死ぬと、夫婦はひと組になります。二人とも死ぬと、見たところ核家族みたいになります。でも子どもが結婚して同居すると、また夫婦が複数になります。こういう変化をぐるぐる繰り返す。その途中で見たところ核家族みたいになるのは、ほんとうに核家族なのではなくて、拡大家族の夫婦がたまたまひと組になったところ、と理解します。

拡大家族になるのか、核家族になるのかは、民族・文化によって違います。アングロサクソンといって、イギリス人やその系統のアメリカ人は、もともと核家族の文化をもっています。それに対してイタリアやスペインなど、ラテン系の人びとは、拡大家族の文化をもっている、という違いがあるといいます。

民族・文化によるほかに、社会状況も影響すると考えられます。

日本の例をあげると、江戸時代には、イエ制度が広まっていました。農村のイエも、武士のイエも、イエ制度によって、代々、ひと組ずつの夫婦が継承することになっていた。財産を分割しなかったのです。農村では、財産を分割する人は「田分け（たわけ）」といって、とんでもないやり方だということになっていました。じゃあ、弟がいたら、どうするかというと、よそのイエにお婿さんに行くか、独身のままでいる。夫婦に子どもがいなかったら、どうするかというと、どこかから養子を連れてくる。

武士の場合も、同じです。「三百石取り二人扶持の○○家」は、中小企業みたいなものですから、必ず社長（そのイエの当主）夫婦がいないといけないので、跡取りを探す。兄が跡取りなら、弟は独身でずっと「部屋住み」で暮らすか、家を出てよそのイエの婿になる。娘しかいなければ、婿をとる。子どもがいなければ、養子を連れてくる、みたいにしました。

こういうふうに、農家の経営を夫婦一組でやりなさい。武士のイエの経営を夫婦一組でやりなさい、みたいな決まりがあると、それにみあった家族が形成されるんですね。農村のやり方も明治になって変わったし、武士もいなくなったので、イエ制度は揺らいで、いま、ほとんどなくなっています。同じ日本民族、同じ日本文化でも、ある時期、イエ制度が出来たかと思うと、ある時期、なくなっていきます。社会状況によっても、家族のあり方は、ずいぶん変わっていくものなのです。

中間集団とは

家族は、かつてはとても重要な集団で、ほとんどの機能を果たしていました。たとえば経済の機能、社会保障の機能、教育の機能、安全保障の機能、そのほかなんでも家族がやっていたんです。でも近代社会になり、人びとが都市に住むようになると、家族の機能の多くは、それ以外の社会組織に担われるようになって行きました。

たとえば、教育。昔はお父さんが子どもに、何でも教えていました。どの家も家業を持っていましたから、お父さんはそのベテランで、子どもは新米ですから、お父さんに習っていれば、家業を継いで、生きてはいける。今でもそういう家、少しはあるでしょう。お茶やお花の家元とか、老舗の和菓子屋さんとか、歌舞伎の家系とか。

明治になってから、学校教育が本格化しました。学校教育は、子どもたちを一カ所に集めて、教育します。家族じゃないところが、学校の本質です。先生はアカの他人です。子どもたちはきょうだいじゃない。つまり、学校は、家族じゃないんです。なぜそんな集団をつくって、みんなを集めるかというと、そうやって教育するという社会的合意があるから。みんな、そこに行くことになっているんです。

たとえば、職場。昔は自営業の場合、家族が生産の単位でした。農家とか、漁師とか、中小の商店とか、いろいろです。でも、明治の末ごろには勤労者の一割、二割だったサラリーマン（俸給生活者）が、いまは、七割か八割に増えています。ほとんどすべてです。俸給生活者（サラリーマン）とは、どういうことかというと、家で働かないということです。家族と関係ない場所で、働く。そこで収入を得て、その収入を家族のところに持って帰ってくる。こういうやり方になります。生産活動は職場で、家族は消費だけやる。こういうことになりますね。

学校と、職場（会社）。この二つだけあれば社会は成り立つのか。学校と職場と家族。たしかにこの三つは、とても重要な集団です。でも、この三つだけでは、単純すぎます。そこで、それ以外の、中間集団というものが、いろいろ出てくるんです、近代化とともに。

それ以前、村には、中間集団なんてほとんどありませんでした。

中間集団は、たとえばアメリカだったら、教会です。教会は、家族そろって行く場所なんですけれど、家族そろって行くということは、よその家族もそろって来ますから、教会そのものは家族より大きな集団になります。でも、国家とか、政府とか、町や村よりは小さい。そういう意味で、まん中だから、「中間集団」というんです。

中間集団は、教育でも、生産でも、消費でもない、特別な機能を持っています。教会の場合は、信仰。それは人びとが、アメリカをつくった目的みたいなものだから、みんなそれを重視して、教会に行くんですね。ただしアメリカの場合、プロテスタントが主流なので、教会の種類がとても多い。たくさんの教会にわかれています。

さて、教会の特徴は、複数の家族にまたがっているという点です。家族の中では、お父さんは子どもに対して権威を持っている、みたいになっています。お父さん〜お母さん〜子どもたち、と人格的なつながりがあるでしょう。教会の場合、よそのお父さんもたくさんいるでしょう。うちのお父さんだからといって、それだけでは威張れないわけです。そこで教会でえらい人は、牧師さん。『聖書』をよく読んで、立派な説教をしたりして、みんな、それを聞きましょう、となっている。お父さんも子どもと一緒に牧師さんのお話を聞きましょう、なんです。というふうに、お父さんが相対化され、お父さんを超えた共通の価値があるということを、子どもが勉強する。公共性を、簡単に定義すると、家族より広い範囲で成り立つ、価値やルールのことです。家族より広い範囲で成り立つことがある、とわかるのは、社会経験の第一歩なのですね。

学校と教会の違い、をまとめましょう。学校は、子どもだけ集まるでしょう。そうすると、子どもの社会ができるかもしれないけれど、未熟なんです。子どもだけの社会だと、ガキ大将が出てきたり、いじめが起きたり、社会性を完全に学ぶことが難しい。なぜなら社会経験がないひとだけ集めて、それで社会って言っているから。教会の場合、年配のおじいさんがいて、中年の人がいて、若い人がいて、子どももいて、みんな、社会経験があって、しかも家族がそのまま来てるわけ。

そうすると、家族と家族を調和させる、家族を超えたルールがあるということが、子どもにも見えるのです。バザーでもやりましょう、ホームレスを助けるので炊き出しをボランティアでやりましょう、なんていう公共的な活動も、教会はやっている。学校にそんなものは、ないんです。

日本では、中間集団として、教会は影が薄いけれども、これに似たものとして、村や町のお祭りみたいなものがあります。地域社会のお祭りは、家族が参加して、たくさんの家族が集まる。その意味で、教会に似ているんです。

人間が成長していく、社会経験の順番があります。まず家族の中に生まれて、家族の秩序を学びます。つぎに家族から外に出て、家族より広い社会のルールを身につけます。家族の中では、自分は特別扱いされるんだけれど、家族の外では、特別扱いされないでしょう。これが成長のために、とても大事なことなんです。

さていま、学校じゃない子ども集団は、ない。教会もないし、村祭りもないでしょう。そうすると、学校だけしかないので、学校の比重が重くなりすぎです。でも、学校は、未熟な社会だから、そこで深く傷つく子が多いわけです。そのあと、サラリーマンになるでしょ。サラリーマンも、同年の人が集まっていて、家族がそこにいるわけじゃないから、やっぱりいじめみたいなものもあって、深く傷つくわけです。学校で深く傷ついて、職業で深く傷ついて。深く傷つきっぱなしなのです。

大人になって、結婚しても、この問題は解決しませんね。解決するには、中間集団をうまくこしらえなければなりません。

家族への回帰

しばらく前にアメリカで起こったことを、ちょっとふり返ってみます。

一九五〇年代、アメリカは戦争に勝って、経済成長が続いて、郊外に一戸建てを建てて、自家用車や家電製品、ピカピカのアメリカ流の生活を送ることになっていました。豊かなバラ色の夢がふくらみました。でもそれを、子どもたちは嫌だなと思いました。親の敷いたレールにのせられて、自分の未来が見えてしまうように思ったのです。こんな社会は嘘くさいし、間違っている。

そこへ起こったベトナム戦争。ベトナム戦争は、宣戦布告もないままに、大統領が勝手に進めた戦争で、大学生など若者を徴兵し、「おまえ、ベトナムに行きなさい」と、ベトナムに最盛時には、五〇万人も送りこみました。徴兵拒否をして、外国に逃げたり、学生運動をしたら大学に州兵が入ってきて撃ち殺されたりと、いろいろなことがあった。そこで、ドロップアウトといって、ふつうの生活をやめ、わざわざ五〇年代のやり方と正反対のことをやる若者が増えたのです。洗濯したてのシャツとネクタイで教会に行くかわりに、髪を伸ばして髭ぼうぼうで、ドラッグを吸う。ロックも流行しましたが、なかみはアンチ・キリストです。ヒッピーやフリーセックスやコミユーンも流行しました。

この、五〇年代の裏返しを、一〇年ぐらいやってみた結果は、前よりひどくなったとみんな思ったのです。麻薬や犯罪も激増しました。

そこで一九七〇年代から八〇年代にかけて、「家族の価値」（ファミリー・バリュー）が唱えられて、やっぱり家族は大切だ、家族を大事にしよう、という声が高まりました。アメリカで保守とされる人びとは、みんな、家族が大事だと言います。

日本にはこれにあたる運動がありません。そこで起こったのは、第一に、結婚年齢が高くなりました。二十代前半に結婚していたのが、いまは三十歳で独身は当たり前です。第二に、子どもの人数が減りました。「合計特殊出生率《しゅっしょうりつ》」（一人の女性が生む子どもの人数の平均）が、一・五を下回っています。これだと、人口が減っていきます。第三に、高齢者の割合が増え、一人で暮らす高齢者や、単身家族も増えました。第四に、家族のネットワークが弱まって、地域社会が元気がなくなりました。都会では、隣りには誰が住んでいるんだろう、という世界です。

なぜ人びとが、子どもを生まないかというと、一番関係があるのが、収入です。いまの収入もさることながら、この先、景気がよくなって収入が増える見込みがない、とみんな思っているのです。すると、老後も心配だから、子どもは少なくていいか、という結論になります。

日本では、未婚の子どもは親と同居するので、子どもにとっては安上がりです。アメリカは逆で、成人すると原則として親元を離れます。すると、二人で暮らしたほうが安上がりだと、結婚するひとが増える。中絶はいけないと思っているひとも多いので、そんなに出生率が下がらないのです。

このように、家族のあり方にも、その社会の歴史や文化や行動様式が、大きく関係します。このメカニズムをよく理解するために、社会学は役立つと思います。

結婚 *marriage*

結婚は、世界中、どんな民族や文化にも認められる習慣です。

まず、男性と女性のペアであって、安定した関係が長く続き、周囲の人びとにその関係が知られていて、承認されている。そして、その社会には、その間柄より、もっと強力な間柄がなくて、その社会ではいちばん正当な関係だと認められている。第三者に対して、それを主張できる。「なにをするか、私の奥さんだぞ」「夫に手を出さないでよ」みたいに。結婚とは、こういうものです。

男女のペアと言いましたけれど、男性が一人で、相手の女性が二人以上とか、その逆に女性が一人で、相手の男性が二人以上とか、そういうのもないことはない。それは、複婚といいます。でもふつうは、単婚。つまり、一対一のペアです。

さて、この結婚の重要な特徴のひとつは、子どもが生まれた場合、その子どもに対して、この男女のペアが責任を取ることです。責任を取るとは、面倒を見ることで、大人になるまで育てます。この男女のペアと、子どもの関係は安定したもので、子どもから見て、夫と妻はそれぞれ、父と母とよばれます。子どもには、父と母がいなければならない。こういう信念が、どんな社会にも行き渡っています。

子どものつぎに、結婚にとって大切なのは、財産の継承です。結婚した夫婦は、家族をつくり、家族は生計をひとつにしています。家族の生活を支えるために、土地や財産があるのですが、夫が死んだら妻が、妻が死んだら夫が、夫と妻が死んだら子どもが、それを受け継ぐのがふつうです。これを、相続といいます。こういう現象も、世界中でみとめられます。

これが結婚ですけど、万事こううまくいくとは限りません。

結婚していないのに子どもが生まれてくることがあります。生まれてくるものは、仕方がない。そこで、父は誰か、という問題になります。実際に父親であっても、結婚しない限り、父にはなれません。婚外子、非嫡出子《ひちゃくしゅつし》の扱いになります。

離婚といって、結婚の関係を解消する手続きも、多くの社会で認められています。結婚は、夫婦の合意と協力がないと、続けられません。だから続けられなくなることもあるのですが、社会の承認をえた関係だから、結婚を解消するのにも、当事者の合意だけでなく、社会の承認が必要になります。

誰と結婚できるか

ある社会の男性、女性は、誰と結婚できるでしょうか。社会によっては、その社会のほとんどすべてのひとと、結婚が可能です。結婚できないのは、自分の家族のメンバーや、近親者です。近親相姦になるので、結婚できないのです。結婚できない近親者の範囲は、社会ごとに、大きく異なります。たとえば、同じ血縁集団の相手とは結婚できない、など。

もう結婚しているひととも、結婚できません。複婚として、認められる場合は別ですが、さもないと、重婚になってしまい、犯罪です。

こういうルールが成り立つためには、その社会のすべてのひとは、独身であるか結婚しているか、どちらなのかはっきりしている必要があります。どちらともつかない状態があっては、困ります。どんな社会の人びとも、そういう強い期待をもっています。

結婚が、離婚や死別で終わってしまうと、結婚していたひとも独身に戻ります。昔はよく人が死にました。独身に戻ったひとが、もう一度、結婚（再婚）できるでしょうか。たいていの社会では、再婚が認められています。さもないと、そのひとが、生活に困るからです。社会によっては、再婚が許されない場合もあります。

離婚そのものを認めない社会もあります。有名なのは、カトリック教会のルールですね。本人たちにその気がなくなって、関係が冷えきって、別居していても、結婚を解消できません。したがって、再婚もできません。

宗教と結婚

宗教は結婚に対して、それぞれ決まった態度をもっているので、それらを整理してみましょう。

まずユダヤ教。すべてのひとに、結婚を認めます。離婚も認めます。それから『聖書』を見てみると、昔は、奥さんが大勢いたケースが多かったと書いてあります。それほど昔でなくても、ソロモン王には、何百人も奥さんがいたそうです。

つぎに、キリスト教の場合。結婚を認めます。ただし、複婚は認めず、単婚。それも、男女のペアでなければいけません。離婚を認めるのかどうか、いまひとつはっきりしません。カトリック教会では、神が結んだものを人が離してはならない、というので離婚を認めません。プロテスタント教会では、「離婚を認めないとは聖書にはっきり書いてないから」、というので、離婚を認めます。

カトリック教会には、聖職者という人びと（神父など）がいて、独身を守ることになっています。

イスラム教の場合。結婚も離婚も認めます。そして、複婚も認めます。四人まで奥さんをもつことができると、コーランに書いてあります。これは恐らく、イスラム教の初めのころに戦争が多くて、夫を殺された女性が増えたので、そういう女性たちの生活を保障するための決まりだ、と言われています。

ユダヤ教、キリスト教、イスラム教のうち、キリスト教だけが、結婚はなるべくしないほうがいいという考え方を持っているのですが、それは、パウロが、そう教えたからだと考えられます。

パウロは、世界の終わりがもうすぐ来ると思っていました。そこで信徒に説教しました。皆さん、結婚なんかしないほうがいいですよ。もうじきこの世界は終わって、最後の審判があります。この世界が終わったら、結婚も終わりです。結婚するだけ無駄でしょう。そんなひまに、いつ終末が来てもいいように、お祈りしていなさい。でも中には、どうしても隣りのきれいなおねえさんや、ハンサムなおにいさんが気になって、仕方がないひともいるかもしれない。そういうひとは、罪を犯すといけないので、結婚してもいいですよ。こういうふうに教えたのです。そうすると、まじめな信仰をもつひとは独身で、そうでもないひとは結婚する、という区別ができてしまう。そこで聖職者は独身、になったのです。

ユダヤ教、それからプロテスタントは、このように考えませんから、ラビも、牧師さんも、みんな結婚します。

ヒンドゥー教は、みな、結婚できます。ただし、同じカーストのひとと結婚するのが原則なので、結婚できる相手は、社会の全員ではなく、ごく限られた人びとになります。

仏教。異性との関係は修行の妨げになるので、結婚しないほうがいい、という考え方です。そこで覚りをめざして修行する出家者は、独身を義務づけられています。ですからインドや東南アジアの出家者も、中国の出家者も、みんな独身です。日本もはじめは、そうだったのです。けれども、身の回りの世話をしましょう、みたいな女性がいつの間にか現れて、子どもを産んだりする実態がありました。親鸞は堂々と結婚した僧侶の第一号、として有名です。本人が結婚を宣言したのか実ははっきりしませんが、恵信尼《えしんに》という奥さんみたいな女性がいて、子どももいました。こうして親鸞を宗祖とあおぐ浄土真宗は、僧侶も結婚するようになりました。ほかの宗派は独身主義でしたが、明治になって、政府が僧侶の結婚許可を出したので、どの宗派も妻帯するようになり、今日に至っています。

儒教。儒教はすべての人びとの結婚を認め、独身主義の考え方がありません。また儒教は、皇帝など社会的地位が高いひとの場合、奥さんが大勢いてもよいとします。地位に応じて、奥さんの人数も何人までと決まっています。政治的リーダーは、政略結婚などの必要があって、複数の奥さんを置かなければならなかったのが起こりだと思われます。

このように宗教は、結婚について、さまざまな決まりをもっています。その信仰をもっているひとは、その決まりに従います。

恋愛結婚とはなにか

つぎに、恋愛結婚について考えましょう。

結婚は、誰と誰がするのか。伝統的な社会では、相手を親が決めたり、習慣で決まっていたり、結婚は、当人たちだけの問題ではないというので、周りの人びとが口を出したのです。

キリスト教は、恋愛結婚を始めました。

これは、男性と女性が、このひとと結婚しようと決めて、親は原則として口を挟まない、というやり方です。誰と誰が結婚するかは、神が決めている。神が決めた相手なら、ビビと霊感が働くから、自分にはわかる。それが相手に対する愛情になる、という考え方です。

こうして、なにが結婚の決め手になるかというと、愛情。愛情があるなら結婚すべきで、愛情がないなら結婚してはいけない、という考え方になります。そこで、愛情を抱くことのできる相手と出会うために、男女の「社交」が大切になります。ダンスをしたり、デートをしたりして、愛情を確かめるのです。

社交のポイントは、なんと言っても社交ダンスです。ふつうなら手をつないだり、

体を接触させたりしないんですが、ダンスだから、男性と女性がペアになって、音楽に合わせて一緒に踊ります。いろいろ話しかけたり、相手にサインを出すチャンスがあります。これはもともと中世の農村で、男女がフォークダンスを楽しんでいたものが、発展したのですね。

さて、こうやって付き合っているうちに、いいと思えるひとが現れます。でもなぜこのひとなのか。「だって、お金持ちだし」では、愛情があることにはなりません。「だって、ハンサムだし」も、よく考えてみると、愛情かどうかわかりません。「やさしいし」「気立てがいいし」も、じゃあやさしければ誰でもいいのか、と聞かれると、このひとでなければという決め手にはなりません。

そうすると、理由が言えません。これはお互いさまで、相手もそうなのです。なんで私のことを愛してるの？　理由が言えないんだけど、愛しているんです。愛の証拠を見せて。どうやったら見せたことになるのでしょう。これが、恋愛結婚のパラドクスですね。結婚したら、きみを幸せにしてあげるよ。それは、結婚してみなければわかりませんね。

つまり恋愛結婚は、ギャンブルかなにかのようで、理屈ではないのです。自分が相手を選ぶのでもなく、相手が自分を選ぶのでもなく、運命のように、気がついたら互いにカップルになっていた、というのが恋愛結婚の理想です。神さまが決めた、最適なペアという意味です。

こうならないと、恋愛結婚にならないんですけれど、問題は、こんなにうまくいくのだろうか？

肝心なのは、出会いです。でも、出会おうと思っている限り、それは雑念だから、なかなか出会えない。雑念がなければいいかというと、出会おうと思わないわけだから、やっぱりなかなか出会えない。というわけで、気がついたら、五年や十年は、すぐ経ってしまうのです。

恋愛結婚じゃない時代は、こんなに面倒じゃありませんでした。これぐらいが私にはちょうどいいとか、親が薦めるしとか、炊事洗濯をしてくれるひとがいないと困るとか、そろそろ身を固めなくちゃとか、そういう理由で、なんとなく結婚を納得できました。恋愛結婚は、そういう妥協の論理が働きにくいのです。

じゃあ、どうしたらいいか？

手っとり早い方法はないが、まず、友だちを増やすことです。友だちは何人いてもさしつかえない。運命の出会いをいきなり求めると、相手は一人だから、その一人が見つかるまでは、ゼロでしょう。増やすことができません。でも、友だちなら、増やすことができます。まず友だちを増やす。そして友だちと、よくコミュニケーションを取る。いろんなことを話してみます。そうすると、波長の合うひとが見つかるかもしれません。恋愛でなくたっていい、と思えば、ずいぶん気が楽になるはずです。

同性は結婚できるのか

さて、結婚はふつう、男性と女性がするものだったんですけど、アメリカなどでは男性と男性、女性と女性が結婚をする「同性婚」が増えています。しばらく前まで、そんなものはなかったのに、だんだん当たり前になってきました。

いったいどういう論理で、同性同士が結婚するのでしょうか。

この論理は、恋愛結婚の延長上で、考えられます。

男性と女性が愛し合って、結婚するのは正しいことです。愛情があるならば。ところが世の中には、異性ではなしに、同性を愛することしかできない人びとがいます。この人びとは、異性を愛していないのだから、異性と結婚すると、自分を偽ったことになります。自分に正直に、同性とのあいだで愛情を育むならば、同性と結婚できるのではないでしょうか。なぜなら、結婚を正当化するのは、愛情だからです。

ゲイやレズビアンの人びとは、自分で選択してそうなっているのではありません。同性を愛するように、生まれついているのです。選択していないのなら、責任はありません。同性婚を認めないのは、そうした人びとの人権侵害ではないか。同性婚を認めてほしいという強い要望がよせられて、これに反対できませんでした。反対できないなら認めよう、という考え方が出てきて、同性婚ＯＫになったのです。

もっとも、聖書にはあちこちに、同性愛は罪だと書いてあるので、同性婚など認められないとする人びとも、アメリカには大勢います。同性婚に反対の人びとも、多いのです。

同性婚に問題点があるでしょうか。子どもができない。でも、子どもができないと不完全な結婚なのでしょうか。異性婚のカップルも、六組か七組に一組は、子どもができないのです。でも、だからちゃんとした結婚でない、とは言えませんね。子どもがいてもいなくても、完全な結婚です。だから問題点とは言えない。(養子をもらって育てる同性婚のカップルもいます)。

男性と男性、女性と女性が結婚して、夫婦になるなんて、ありえないと思うひともいるかもしれません。でもちょっと、想像してみて。ある日あなたが気がついたら、生まれついてのゲイだった、レズビアンだったとわかった。そうしたら、自分の愛するひとと、末ながく生きて行きたいと思ったら、同性婚をしたいと思うのではないでしょうか。それを、異性愛の人びとが、やめなさいとか、とやかく言う権利があるでしょうか。ここは考えどころです。つまりわが国も、同性婚について、真剣に検討する段階になっているということです。

正義　*justice*

正義とは、なんでしょうか。

正義とは、正しさが外からやってきた、という感覚です。

いく人かの人びとがいて、めいめい、この件についてはこうあるべきだと、言い分をもっているとします。言い分はそれぞれ、食い違っています。ですから誰もが、そのままでは、自分の思う通りの結論にはなりません。もめてしまって、議論が平行線になり、みんな困り果てています。

そんなとき、誰か（第三者）がやってきます。順番にみなの言い分をよく聞き、そのうえで、この件はこうしましょう、と結論を出します。なるほど、なるほど、やっぱりそうだよなあ。そのときに感じる感覚が、正義です。

自分には、こういう言い分がある。相手には、こういう言い分がある。でも、それらを踏まえたうえで、こう考えるべきだ。こういう感覚です。

正義は、外からやってくるのですが、言われてみれば、その考え方を納得することができます。そして、それが最終の結論になります。

裁判

正義は、典型的には、裁判です。

裁判は、正しさについての紛争を、決着する仕組みです。

正義は、典型的には裁判なのですが、よく似たことは、いっぱいあります。お兄ちゃんと妹がオモチャの取り合いで、もめています。お母さんとか出てきて、「きのうは妹が遊んだんだから、今日はお兄ちゃんの番でしょ」みたいに言います。一年生と二年生が、校庭の場所の取り合いでもめています。六年生が出てきて、「こうでしょ」みたいに仕切ります。

社会に、紛争は絶えません。紛争の、双方の言い分を聞いて、「こうでしょ」と決めることを、裁定といいます。

裁判も、広い意味では、裁定に含まれます。

さて、裁定が思いどおりでないこともよくあります。本当はそうじゃないのに、こんなふうに裁定されてしまった。この裁定は間違っている。本当の正しい裁定があるはずだ。裁定が思いどおりでないと、こういう強烈な感覚が生まれてきます。裁定が正しくない理由。正しい裁定はこうであるべきだという理由。これが言葉になって、頭の中でグルグルかけ回ります。口に出して、主張するかもしれません。

この思いも、正義だと感じられます。

それは、実際の裁定ではなく、あるべき裁定というかたちをとります。

正しさを言葉にする

正義とは、口に出して言うこと。理由を述べること。いまある状態そのままではなく、ほんとうはこうあるべきだ、というかたちをとります。どういう理由で、あるべきなのかは、さまざまでしょうが、こういうかたちをとるものなのですね。

こういうことは、動物にはありません。動物には、自己主張があるだけです。サルの群れがいて、バナナを投げると、ボスが取って、食べてしまいます。いつでもボスが食べます。ときたま気が向くと、若いサルが食べても、気にしないでいるかもしれません。

さて、若いサルは、これが不満なのでしょうか。不満なのかどうか、実はわかりません。サルは言葉をしゃべらないから。あるがままの状態とあるべき状態とを、はっきり区別できないのです。サルは本能に生きています。

でも人間は、本能に生きてはいません。あるべき状態を考えて、それを実現するように行動する性質をもっています。そこで、相手に対しても要求があるし、誰かが紛争を裁定する場合には、その誰かに対しても要求があります。その要求は、自分の都合というよりも、一般にこういう場合は、こういうふうにするのがほんとうでしょうという、自分を離れた正しさの感覚にもとづくのです。

こういう人びとの反応が繰り返し起こるので、人間の社会には、正義がそなわっていることになるのです。

正義とルール

正義は、やがて法律にもなっていくのですが、こういう特徴があります。

正義は、個別具体的ではなくて、一般的であること。一般的とは、人間が入れ替わっても、同じ結論になる、ということです。同じ状況が繰り返されても、同じ結論になる、ということです。原則にもとづく、と言ってもよろしい。ルールにもとづく、と言ってもよろしい。

たとえば、オモチャの取り合いの例だったら、代わりばんこ。ひとつしかないものなので、順番にするしかありません。

代わりばんこは、複数の人びとのあいだで、順番があるべきだという考え方です。それが守られなかった場合は、ずるい。間違っている。デタラメだ、という強烈な感覚が湧いてきます。代わりばんこは、何人かの人びとのあいだに、適切な状態を実現する、一種のルールなのですね。代わりばんこにしましょう、と約束する場合もあります。約束しない場合もあります。それでも、代わりばんこは、ひとつの原則、ルールを示しています。正義の、ひとつのかたちです。ですからそれは、正しさの感覚をもたらします。

ところが、問題は、正義の感覚をもたらす原則が、ひとつとは限らないことです。原則やルールは、いくつもあって、実は数えきれません。

乗り物に「優先席」というのがあります。ほかの席は早い者勝ちで、ふさがっていたら立っていなければならないんだけれど、優先席は、怪我をした人や、お腹が大き

い女の人や、お年寄りのマークが付いてるから、そういう人が、座る。そうじゃない人は、かりに座っていたとしても、立ち上がって、席を譲らなければならない、という決まりがあります。

この考え方は、席がたくさんなくて、限られている場合に、必要な人から順番に座る、という考え方です。必要な人から順番だから、必要でない人は、繰り返し、後回しにされてしまいます。

毎日、バス通学をしている小学生のA君がいるとします。きのうもおばあさんが乗ってきて、席に座った。きょうもおばあさんが乗ってきて、席に座った。あしたもおばあさんが乗ってきて、席に座るだろう。代わりばんこじゃなくて、いつでもそのおばあさんになってしまいます。

これはずるいか。ずるくないでしょう。なぜならば、明らかに座席に座らなきゃいけない必要が、その人にはあって、A君にはあんまりない。同じ人間ですけれど、状況が違うわけです。小学生のA君は、差別されているわけではなくて、年をとっておじいさんになったら、そのときは優先席に座ることができます。

いろいろな状況、さまざまな事情があります。その事情をよく配慮して、事情のある人、困った人、必要のある人に、優先的にチャンスを与える。資源を配分する。優遇する。これも、正義です。

じゃあ、事情がない人同士だったら。

事情がない人同士だったら、誰かを理由もなく優遇し、誰かを理由もなく優遇しないのはおかしい、という感覚が生まれてきます。そうすると、同じ人間として、同じように扱わなきゃいけないわけだから、くじ引きとか、順番とか、早い者勝ちとか、そういうやり方が公平であることになります。

早い者勝ちが、公平なのかどうか。よくわかりません。

たとえば、都心まで一時間かかる通勤電車があって、始発駅があって、次の駅があったとします。始発駅で乗る人は、毎日座って通勤できます。次の駅で乗る人は、いつも立って通勤します。今日も、あしたも、来年も、五年後も、十年後も。えらい違いです。

さて、次の駅で乗る人が、始発駅で乗る人に、代わりばんこで座るようにしようって、提案するのは正義かどうか。あんまり聞いたことがありません。これはたぶん、正義にならないと思います。

どうしてかと言うと、乗り物の椅子は早い者勝ちという大原則が、まずあります。もしも、個々の事情を考慮し始めたら大変です。個々の事情のうち、考慮すべきなのは、お腹の大きい女性の人、怪我した人、お年寄り、…に限られるというふうに、いろいろ考えて決めてあるわけです。

二番目に。始発駅から乗る人は、急行も停車するだろうし、ちょっと土地の値段が高いかもしれないのに、そこに家を買いました。次の駅から乗る人は、通勤のときには座れないかもしれないとわかっていて、でもちょっと値段が安いからと、家を買いました。始発駅にしようか、次の駅にしようか、よく考えて、何十万円か、何百万円か、違いがあるけど、こっちでいいやと思って、家を買っています。そうすると、そのコストを払ってるわけですね、始発駅で乗る人は。次の駅で乗る人は、そこまでのコストは払っていません。だから、これでいいのだという理屈が成り立ちます。

このように、具体的に正義を実現しようと考えていくと、結構、難しいんです。

入試は公平か

入学試験を考えてみます。

入学試験は、何月何日に実施、何分間で問題を解いてください、成績順に合格を決めます、というやり方です。

ここには、いろんな不公平がありえます。

たとえばその日、たまたま風邪をひいた人はどうなるでしょう。インフルエンザで熱があって、ふだんなら解ける問題が全然、解けなかった。そこでその人は不合格になってしまい、代わりにどこかの誰かが合格になった。実力どおりじゃありません。でもこれは、健康管理が悪かったんだということで、異議は受け入れられないと思います。

試験会場へ向かう途中、人身事故があって、電車が二時間、止まった。そのため、開始時間に間に合わなかった。これは、本人の責任ではないので、再試験が認められる可能性があるでしょう。大雪でバスがストップしたとかの場合も、同じです。

突然、お母さんが交通事故。それで高校三年のB子さんは、家族の洗濯物や、食事の準備や、病院の見舞いやらで、受験勉強の追い込みができなかった。そこでもう一歩のところで不合格になってしまった。これはB子さんの責任ではないのですね。でも、これを、いまの仕組みでは考慮できません。

C子さんは小学校低学年のとき、お父さんが交通事故で亡くなった。それで家計が苦しくなって、塾や予備校に行くどころではなく、新聞配達のアルバイトとか、いろいろして、大学に行くのもあきらめた。これは不公平なのか。あまり公平ではないけれど、こういうことを言い始めるときりがないから、入学試験は、そこまで配慮しないのですね。

正義とは、きちんと理屈を述べて、「現状はおかしいです。ほんとはこうじゃなきゃいけません」と、言葉で主張することなのですが、その主張の仕方がむずかしいのです。それに、それをきちんと主張できたとしても、ほかの人たちが「ほんとにそうですね」って合意した場合にしか、正義が実現しないから、これもそんなに簡単ではありません。

正義をどう定義するか

そもそも、正義を定義するのも難しいのです。

これまで私が聞いた定義のなかで、なるほどと納得できたのは、こういう言い方でした。

《同じものは同じように、異なるものは異なるように、扱う。》

これはなかなかいい考え方です。同じものは同じように、扱いなさい。私もあなたも、同じ人間です。同じ人間なら、公平・平等に扱ってください。これが原則です。入学試験だって、願書さえ出せば、誰だって受けられます。しかも、受験料はみんな同じです。

だけど、異なるものは異なるように扱いなさい。たとえば、目が見えない人がいます。目が見えない人が、入試でふつうの問題用紙を配られても、問題が見えません。そこで昔は、入学試験が受けられませんでした。最近は、目が見えない人のために、点字で受験できるようになっていて、点字の問題用紙が用意されています。解答も点字です。ところが点字を打つのに、時間がかかります。そこで、試験時間をその分長くして、やっとほかの受験者と同じ条件になる。つまり、目が見えないという実質的な違いがある場合には、異なるものは異なるように扱わないと、公平にならないのです。

この原則のむずかしいところは、誰と誰がどういう場合に同じで、誰と誰がどういう場合に異なるかということを、どうやって決めればいいかがわからない点です。これが決まらないと、正義は実現できません。

実際には、ケースバイケースで、この場合は同じように扱う、この場合は具体的な事情を配慮して異なるように扱う、と判断していくしかないのですね。これは言ってみれば、試行錯誤です。社会が、正義にもとづく正しい社会になるかどうかは、人びとの努力しだい、ということになります。

男女の違い

たとえば、男性と女性を比べてみます。男性と女性は同じか、違うか。人間として同じかと言えば、同じです。けれど、明らかに違うところもあります。女の人は子どもを産みます。男の人は逆立ちしても、そんなことはできない。

子どもを産むというのは、一週間あれば産めますという問題じゃなく、しばらくのあいだ、仕事を休むということです。それから、子どもが小さいあいだは、いろいろ世話をして育児をするので、何年かかかります。そのあいだ、キャリアが中断してしまいます。子どもが一人でもこうですから、二人、三人となれば、もっと影響がありますね。

それからもうひとつ、社会学では性別役割分業といいますが、男の人と女の人で、やることが違うという社会が多かった。たとえば、掃除、洗濯、食事の準備などの家事や、育児は女の人がやって、力仕事とか、外へ出て働くとかは、男の人がやって、みたいになっている社会が多かったのです。これが正しいかどうか。

正しいとする考え方は、こうです。

男性と女性は体のつくりも、性格も違う。男性と女性はそれぞれの生き方があって、それは文化だ。この文化は伝統として確立しているわけだから、男性と女性はそれぞれ違った生き方をするのが正しい。それを一律に、男女を無視して扱うとしたら、男性も女性も戸惑うし、かえって迷惑だ。要するに、異なるのだから、異なるように扱うのが正しい。こういう考え方です。

それに対して、こういう考え方もあります。

これまで女性は、女性であるという理由だけで、男性だったらば与えられる多くの機会を失ってきた。学校に行く。社会に出て働く。何でも体力の問題だった昔ならいざ知らず、いまは男性と女性で区別しなきゃいけない分野は、ほとんどない。それならこの社会では、男女を限りなく平等に扱うのがよろしい。

要するに、同じなのだから、同じように扱うのが正しい。こういう考え方です。男女共同参画とか、男女雇用機会均等法とかも、そういう考え方で進められています。

以上の二つの考え方があるということは、今の社会は、このどちらか片方の考えですべてを割り切るのは、無理があるということですね。

社会全体を割り切るのは無理があるとしても、個々人は、自分の考えにもとづいて生き方を選択していくことができます。個々人が、あるいは夫婦や家族が、自分のよいと思う考え方で、自分らしい生き方をする。これはいま、実行可能だし、それをほかの人がとやかく言うことはないのです。

男性と女性の問題は、どう考えていったらいいか、自分なりの考えを持つことが大事なのです。

格差と正義

もうひとつ、具体的に考えてみたいのは、所得格差です。いろいろな理由で、たくさん所得がある人と、そんなに所得がない人がいます。使えるお金が違う。これを無視して、同じだと扱うべきなのか、それとも、違いがあるとして扱うのがいいのか。

いまの社会には、ふたつの考え方があります。所得が異なるのだから、異なって扱うべきだという考え方の制度もあります。

たとえば、所得税。所得税は、累進制をとっているので、高所得の人は所得税率も高く、低所得の人は所得税率を低くしています。地方税や年金保険料も、所得に連動していますから、所得が多いひとは、たくさん負担することになります。

税をたくさん負担したからといって、それだけいいことがあるかというと、特にありません。公共サービスはすべての人びとに平等に提供されますから、所得の多いひとが優遇されることはありません。

さて、所得税じゃなくて、消費税はどうでしょうか。

消費税は、消費した金額の八パーセント、などと一律にすべてのひとにかかります。正比例ですね。

消費税のいい点は、所得がない人からも税を取れることです。所得がない人から税を取っていいのか、と思うかもしれないけど、たとえば高齢者で年金で生活していると、ほとんど所得税を払いません。でも実は、たくさん公共サービスを受けている。誰でも消費はするわけですから、消費税は、そういう人びとにも負担をしてもらうことができます。

所得税は、現役世代で所得のある人が払うから、子どもとか、老人とかは、あんまり払いません。それに対して、消費税は、より多くの人びとに、負担してもらうことができます。

このように具体的な制度をつくる場合には、どうしたら、いちばん正義にかなうのかと考えながら、この社会は運営されるんですね。

モノの値段についても、考えてみましょう。

チョコレートが一〇〇円、北海道まで飛行機に乗ったら、片道一万五〇〇〇円、とか決まっているでしょう。チョコレートが一〇〇円だと、お小遣いが二〇〇〇円の小学生にはちょっと高いかもしれません。でも六本木ヒルズ族には、タダみたいです。北海道まで片道一万五〇〇〇円だと、ふつうの人はそんなにしょっちゅう行ける金額ではありません。六本木ヒルズ族にとっては、まったく問題ではありません。

このように、ものの値段は、所得が少なくて、節約しなきゃいけない人にも、大金持ちで、余裕ありまくりの人にも、同じなのです。所得の多いひとと、少ないひとでは、負担感がまるで違います。このような価格の決め方は、正義でしょうか。

ひとつの考え方として、ものの値段は、お金持ちには高くしましょうというやり方も、ないとは言えません。

でも、かりに、すべてのものの値段を所得に比例して変えるとすると、低所得のひともお金持ちも、同じ量のものしか買えなくなって、お金持ちであることの意味がなくなってしまいます。ヒルズ族のあなた、あなたは所得がふつうの人の一〇倍ですから、札幌片道の運賃は一万五〇〇〇円じゃなくて一五万円です、とか言われて、何から何までみんなそうなっちゃったら、お金持ちは存在できなくなってしまいます。

これはまずいだろう。でも、まったく同じである必要もないだろう。

所得に応じて負担するというのは、飛行機のビジネスクラスや、ファーストクラスはそうだとも言えます。同じ飛行機で、同じ時刻に着くのだけれど、ちょっと広くていい椅子に座って、ちょっといい料理を食べて、そのわりにいやに料金が高い。自分はリッチだということを示す、心理的な満足感のために料金を払っているようなものです。

市場を例に考えましたが、両極端の中間に、正義と公平があるはずです。でも、どこにあるかは、試行錯誤を続けてみつけるしかないと言えそうです。

自由 *liberty / freedom*

自由とは、人間が、思ったように行動したり、好きなように考えたりできること、をいいます。

これは、人間の生まれついての性質です。人間は、自由なものなのです。これが、生きていることのすばらしさだと言えます。

動物も、好きなように行動したり、何かを感じたりしているように見えますけれども、実は動物の場合、あまり自由ではありません。「飛んで火に入る夏の虫」、という言葉があります。虫は、光に向かって進むようにプログラムされていたりすると、自分の身に危険であっても、それが判断できないで、火に向かって飛び込んでしまうのです。こういうのは、自由とは言えません。

好きなように考える、とはどういうことでしょうか。考えることの本質は、目の前のことがらに左右されないことです。目の前のことがらに左右されないとは、目の前にあるのとは別な状態について頭のなかにイメージをつくり、その分だけ行動の幅を広げることができる、ということです。

動物にはこの能力が、とぼしいのです。そこで動物は、反射や本能によって動きます。考える能力は、あるとしても、そんなに高くありません。イカとか、タコとか、鳥とか、それから哺乳類、イルカとか、サルとかのように、考えたり、数を理解したりできるとされる動物もいます。でも、人間とは比べものになりません。

自由になにをするか

さて、こういう能力を使って、人間は何をするかというと、取りあえず、生きていこうと考えます。

生きていくためにやらなければいけないのは、まず、食料を手に入れること。食料以外にも必要なものがあります。着物を着るなら、その材料。家を建てるなら、その材料。それから、ほかの人びとと協力するのなら、仲間づくり。そのためのコミュニケーションとか、することがたくさんあります。

そこで人間は、発見します。生きていくのは大変だ。

生きていくのが大変な理由は、まず、食べ物が手に入らない場合がある。水だって手に入らないかもしれません。それから、仲間がいないかもしれません。もっと困ったことに、ほかの人間がいて、仲間じゃなくて、敵かもしれません。敵だったら、食べ物を見つけても、取られたりします。食べ物を取られるだけならまだいいけれど、自分がやられて、殺されることも考えなければなりません。そうなると、自由もなにもないですね。じゃあ、そうならないように、どうしたらいいかを考えます。

そこで、自由を、もう一歩進んで考えなければならないことがわかります。

自由とは、単純に、何かが「できる」ことをいうのではありません。そうではなくて、その何かを「していい」こと。その何かをしていいと、ほかのみんなが認めてくれていることをいいます。

ここは、大事なので、詳しく説明しましょう。

万人の万人に対する戦争

単純に、何かが「できる」。

これは、そういう運動能力があって、そういうことを考えることができて、実行に移そうと思えば移せることをいいます。

誰かがリンゴを持っていて、向こうを向いている。そのリンゴをかっぱらおう。リンゴを取られたと、その人が騒いだら、棍棒で殴りつけよう。考えてみれば、自分がやろうと思えば「できる」ことは、いっぱいあります。銀行強盗も。レストランで食い逃げも。ストーカーも。それらが全部できることが、自由なのでしょうか。

もしそれが自由だと考えると、どうなるかと言うと、ほかの人（相手）も同じように「できる」ことがいっぱいあるということです。私がリンゴを持っていたとして、よそ見をしているあいだにかっぱらわれてしまいます。リンゴが取られたと、騒いだら、棍棒で殴られてしまいます。これも相手の自由、ということになります。

自分の自由を無制限に主張すると、相手も自分の自由を無制限に主張します。結果的に、自分の自由は、とても小さな範囲に狭められてしまいます。なぜかと言うと、私の自由の範囲と、相手の自由の範囲が、重なってしまうからです。その結果、起こるのは、混乱と無秩序とケンカです。これでは社会になりません。

社会は、混乱と無秩序とケンカをなくしているという点が、とても大事です。すべての人びとが平和に生きていくことを、保証するための仕組みなのですね。

権利の線を引く

じゃあ、どうしたらいいでしょうか。

人びとの自由と自由のあいだに、線を引きます。この線は、目で見えるものではないけれど、社会の中にはあるのです。

どういう線かというと、ここからここまでは私の自由の範囲だから、私がその範囲で行動しても、ほかの人はそれを認めてください。でも、この線の向こう側は、相手の人の自由の範囲ですから、そこには私は立ち入りません。すべての人びとが、自分の自由の範囲を認めてもらうのとひき換えに、相手の自由の範囲を承認するのです。こうすると、自由は、はじめてほんとうの自由になります。

こうして、ほかの人びとから認められた自由の範囲を、権利といいます。

権利を囲む見えない線は、決まりなんですけれど、最終的には法律になります。

自由を学ぶ

この自由について学ぶのは、二歳とか、三歳とか、ごく小さいときです。

そのとき、周りのみんなから言われて、わかるようになるのは、まず、自分のもの／ひとのもの、の区別です。ひとのものを取ってはいけません。自分のものは、使ってもよろしい。

身の回りのすべてのものは、誰かのものです。山とか川とか、遠くにあるものは、誰のものでもなかったりしますけれど、でも、手元にある、ちょっと便利なものはたいてい、誰かのものなんです。そうすると、ひとのものに手を出すときは、「ちょっと使ってもいい?」とか「貸して」とか、言わないとだめですね。こういうことを学んでいきます。これは、法律の、とても原始的なあり方ですけれど、子どもはこれを学ぶんです。

モノに対する態度は、誰かのもの（つまり、所有）ということなんですけれど、それ以外に、どう行動すべきか、ということも自由に関係あります。たとえば、自分の体。自分の体は、自分で動かすのは自由です。ほかのひとの体をつねったり、叩いたり、怪我させたりしてはいけません。それは、暴力ですね。それから子どもは、おとなしくしてなさい、と言われます。自由にしてはいけない状況、というのもあるのです。おとなの人たちが真面目なことを話していたり、誰かが正式な話をしていたりするときには、黙って聞いていなければいけない。歩き回ってもだめで、座っていないといけないわけです。それがすんだら、なにか話しても、歌を歌ってもかまいません。

状況によって、こういう制限があるということも、学びます。

制限と反対に、能力を高めるための学びもあります。

たとえば、釣り竿と糸と針で、魚を釣るところを考えてみます。釣り竿と糸と針があったとしても、使い方がわからなければ、魚を釣ることはできません。つまり、魚を手に入れる自由がありません。でも、糸を釣り竿にこうやってつないで、針をつけて、えさのミミズをこうやってつけて、そうしてこの辺に糸をたらして、…というやり方を、よくできる人に教えてもらった場合に、魚が釣れるようになります。自分の自由の範囲が広がった、ことになります。ものごとの秩序や法則に合致したやり方で行動すると、思いどおりの結果になる可能性が高まります。これが技術の、本質です。技術を身につけることは、自由の、ひとつの表れです。

自由と法律

さて、子どもが学んだ人と人のあいだの決まりが、家族を超えた社会のルールとなって、明確な法律のかたちになっています。法律によって囲まれ、守られ、保護された、私の自由の範囲を、権利というのでした。法律としての権利は、与えられたら、簡単に奪うことができません。権利を行使しないからといって、権利がなくなるものでもありません。

たとえば、私のものである、このリンゴ。リンゴは、手に持っていないと、自分のものではないのか。手を放したとたんに、別の誰かのものになってしまうのか。私のものであるリンゴが、法律によって権利としてそう認められているのであれば、置きっぱなしにしてあっても、私が見ていなくても、誰かが食べたりできません。それは私のものだからです。

見てなくてもいい。実際にコントロールしていなくてもいい。これが大事です。社会の決まりによって守られているということが、権利とか、所有とかいうことの基本なのです。

権利も所有も、自由の手段です。所有しているモノは、どういうふうにしても、自分の自由です。

自由と言葉

モノについてはしばらく話しました。今度は、考えについてのべましょう。

人間はどんなことでも考えるし、どういうことを考えてもいいのですけれど、その考えは言葉にして、ほかの人に言わないと、実は自分でも何を考えているか、よくわかりません。

言葉にして、ほかの人に話すということは、考えを共有するということです。

あっちの川に魚がたくさんいるよ、とか、雲が出てきたからもうじき雨になるよ、とか。そういうふうな考えは、共有すると、みんなの利益になります。それを述べるのは、まったく自由でなければなりません。

でも、あの子は嘘つきだよ、とか、あんたのことなんか嫌いだよ、とか言うのは、すべての人に意味がある有益な情報というよりも、誰かにとって好ましくなかったり言われたくなかったりする言葉です。そうすると、そういうことを発言すること自身がトラブルの種になります。何でも自由に話していい、のではないのです。

言葉には、正しい使い方、というものがあります。つまり、自由に話していいことと、話さないほうがいいことがあるのですね。

これが、言葉についての最初のルールです。

正しくて、ほんとうのことだけれど、話しちゃいけないことというのもあります。それは「秘密」とか「ナイショ」とかいうものですね。

秘密とか、ナイショとかは、ある人びとの利益と、もっと広い範囲の人びとの利益とが、一致しない場合に生まれます。

自由と言論

さて、人間は、世の中や社会全体についても、いまあるそのままではなくて、もっと別なふうなほうがよいのに、みたいなことを考えます。そうした場合、それを言葉にして、みんなに訴えます。「皆さん、聞いてください。こう思うんですけれど。」こういうことをいつでも自由に、述べてよい。これが、発言の自由です。発言の自由があるときに、思考の自由（考えることの自由）も生まれます。

この自由がどこまで保証されるかは、社会によって違います。

いちばん有名なのは、古代ギリシャの、議会です。その社会のおもだった人びとが集まって、われわれポリスはどうすべきか、などを話し合います。

議会は、その外の社会とは区別されています。議会のなかでは遠慮なく、なんでも自由に話してよろしい。「おまえは若者のくせに生意気だ」とか、「おまえのお父さんは変な人間だったじゃないか」とか、言われません。発言の内容がよい考えかどうか、純粋にそれだけを、みんなが聞き取ろうとします。

こういう習慣があると、討論が成り立ちます。討論によって、よりよい考え方が生き残り、あんまりよくない考え方は言い負かされてしまいます。これが、ギリシャ人が考えた、なかなかよい伝統です。古代ローマにもこれがありました。

うんとよい考えは、文字にして書いておこう、という習慣も生まれました。

文字の特徴は、一度書かれたら、変化しないということです。口で言った言葉は、消えてしまいます。口で言ったことを共有しようと思うと、伝言ゲームのように繰り返していかないといけません。繰り返していくと、もともとどういうものだったかは、そのうち、わからなくなります。文字なら、そういう心配がありません。

文字で書かれた、ある人の考え方は、とても正確に、時間や空間を隔てた遠くの人びとに伝わります。大事なことであればあるほど、こういうふうに文字にしておいたほうがいいということになります。

何が大事なことかというと、ギリシャ人は、哲学を大事にしました。モノは何で出来ているかとか、徹底的に考えます。あと、数学も大事にしました。二等辺三角形の両底角は等しい、とかいうふうなことを文字で書いて、みんなに伝えました。

このようなかたちで、文字を書き記し、かなり正しそうなことを、多くの人に伝えます。これは、ものを考える自由にとって、とても根本的なことです。ちょうど釣り竿と糸と針を使うと魚が釣れるように、文字を使うと、ものを正しく考える可能性が飛躍的に高まるのです。

文字を書いたり、演説したりして、自分の考えを、みなに伝えてよい自由。これを言論の自由といいます。

言論の自由は、多くの社会で、なかなか成立しませんでした。けれども、近代社会（われわれの社会）にとっては、その基礎になる大事な原則です。

私たちの社会は、法律をつくり、人びとの自由を確保するように出来ています。法律は、自由を制限するものではなくて、実は、自由を保証するものです。

さて、どういう法律をつくればいいかは、議会で相談して決めるんですけど、その議会ではとくに、言論の自由が保証されています。議員たちは、議会で、どういうことを議論してもよいのです。議論のなかみについて、こんな発言をしてはだめじゃないかと、責任を追及されないようになっています。

議会の外側には、言論の自由がないかというと、そうではありません。新聞や、雑誌や、テレビなどがあって、そこにはいろいろな人が、これはいい考えだと思うことを書いたり発表したりすることができます。そして、みんながそれを知ることができます。議会ではこういう法律を決めてるといいのに、と考えることができます。

より正しい、より進んだ法律を持つ社会は、より自由な社会になります。だから、言論の自由が、人びとの自由を保証し、前進させる、いちばん根本的な自由になるのですね。

PART
III

死　*death*

人間は生き物ですから、死にます。

動物や植物も、生き物ですから、死にます。

死ぬのは、生き物の宿命ですね。でも、正確に言うと、すべての生き物の宿命というわけではなく、多細胞生物の宿命です。

大腸菌のように、一匹が一個の細胞で生きている生き物は、仲間を増やすのに、適当に二つに分裂します。二つとも生き続けます。また分裂します。また二つとも生き続けます。遺伝子的に、同じものが出来ていきます。もちろん食べ物がなかったり、条件が悪かったりすれば、死んでしまいますけど、そうでもない限り、どこまでも分裂して生き延びていくのです。同じ生き物が生き続ける、とも言えます。

ところが、多細胞生物の場合は、様子が違います。生物の主流は、多細胞生物ですね。この場合は、個体（体の全体）と別に、個体の一部に生殖細胞がそなわっています。ふつうはそれは、精子と卵子で、受精したあと、そこから分裂して、新しい個体が形成されます。分裂する途中で、その個体なりの特徴（個性）ができます。一匹一匹が違っています。もとの個体（親）とまったく同じものは、現れることがないのですね。

そして、そのおとなの一匹（個体）は、そういうやり方で子孫を残したあと、だんだん年をとって、死んでしまう。そうすると、その個性的な、ほかにいない**こ**の一匹というものは、永遠に失われてしまって、もう二度と存在することがないのです。似たようなものは現れるかもしれないけれど、この一匹、ではありません。

かけがえのない個性

人間も、多細胞生物です。

あなたも私も多細胞生物で、おおぜいいる人間の中で、個性があるこの一匹、ということになっています。もし、それが死んだとすると、この世界からいなくなってしまって、もう二度と同じものが現れません。

あなたや私のまわりには、ほかの人間がおおぜいいるでしょう。一人ひとり違うでしょう。一人ひとり違うと見えるのは、違う点に注目しているからです。同じ点に注目すれば、みんな同じだと見ることも、できなくはない。

でも社会というものは、人間が一人ひとり違っていることを、大事にします。一人ひとり違う人間に、違う名前がついています。そして、一人ひとり違う人生を歩んで、社会生活を営んで、家族だったり、親戚だったり、友人だったり、同僚だったり、先輩後輩だったり、いろいろして、かけがえのない存在として、認め合って、生きて行って、かけがえのない存在として、ある日、死んじゃう。これが生き物の、そして社会の決まりですから。

そうすると、たった一回きりの、一度きりの存在なんです。あなたも私も。社会を生きていく人間は、みんな、こういうふうに思います。

まわりを見ていると、これまですべての人間は、みな、死んできました。これからも、すべての人間は、やっぱり死ぬでしょう。ゆえに、私も死ぬでしょう。生まれたばっかりのときは、こんなことを考えていないんですけれど、いつの間にか、五、六歳になるころには、こういうふうに思います。

いつか自分も死ぬ。これは、最も基本的な知識ですけど、社会を生きる人間はすべてこのことを、心のどこかで思っていて、確信しています。人間は、自分が死ぬと、自覚している存在です。そのような人間が、社会をつくっています。当たり前のようですが、これはとても大事です。

自分が死ぬこと

動物は、自分が死ぬと知っているか。

バクテリアは、知らないと思います。クラゲは、知らないと思います。クラゲは、簡単な神経があるだけで、神経中枢がありません。昆虫はどうだかわからないが、たぶん知らないと思います。魚とか、カエルとか、あんまりわかっていないような気がします。哺乳類はどうでしょう。

ネコや、イヌが、わかってるかどうか。忠犬ハチ公は、主人が死んだんだけど、理解できなくて、ずっと待っていた。自分が死ぬのだって理解できるかどうか。

ニホンザルなんかは、母親が、子どもを抱えているんですね。子どもがね、病気で死んじゃった。動かない。それでもしばらく抱えていたりします。あんまり、相手が死んだっていうことをはっきり認識できないのです。相手が死んだということをはっきり認識できなければ、自分が死ぬということも認識できないでしょうね。だから彼らの群れは、自分が死ぬことを前提にできていないと思います。ただ死ぬだけ。人間は、死ぬということをもうちょっと深く理解していて、自分が死ぬと理解しているんですね。

もちろん、他者も死にます。他者がときどき死ぬということは、経験的な出来事です。おじいさんもおばあさんも死んだ。親も死ぬ。ほかの仲間も死ぬ。年をとるとだいたい死ぬ。自分が死ぬのは、経験的な知識なのでしょうか。

自分が死ぬということをわかっているのは、経験的な知識ではないと思います。たとえば、Aさんが死んで、Bさんが死んで、Cさんが死んで、順番に死んでいるとします。まだ、生きてる人もいるけれど。順番に死んできたから、自分も死ぬって考えるかどうか。それはもちろん、大事な補助線ですよ。でも、Aさん、Bさん、Cさんと、自分とは、大きな違いがあります。Aさんも、Bさんも、Cさんも、みんな自分じゃないんです。

さて、世界の中に、自分（私）は、私だけです。私がどうなるかは、ほかのひとと関係ないかもしれない。私は世界にひとりしかいないんであれば、私はほかのひとと同じじゃないから、私だけは死なないかも。こう考えてもおかしくありません。

自分だけは死なないかも、と考えるひとは、昔からいました。

中国の皇帝なんかはときどき、そういう考えになります。皇帝は、中国に一人しかいません。だから死なないかもとか思ってると、道教の道士がやってきて、「実は東の、蓬萊の山というところに、不老長寿の薬があるんです」とか教えてくれます。じゃあ船を仕立てて、取りに行きなさい。お金はあげるから、という話になって、取りに行きます。なかなか見つからないのを、まだかまだかと待っているうちに、死んじゃうんですね。

中国だけじゃなくて、キリスト教も、人間は死なないと考えます。しかも人間が、一人残らず。イエス・キリストは死にましたけれど、神さまの計画で、三日目に復活しました。復活したあとは、死を克服しているので、もう死なないのです。

これはいわば、予告編で、やがて最後の審判のときに、これまでに死んだ人間は全員が復活して、もう死なない、と考えるのがキリスト教なのですね。ちなみにイスラム教も、この点はまったく同じように考えます。復活って結構、すごいかもしれない。

だから言いたいことは、人間（とくに自分）が死ぬのは、あまり自明じゃないということです。死なないという信念を持つことは、可能です。可能だけど、死なないという信念をもっているひとも、いったんは死ぬ、とは思っています。中国の皇帝みたいなひとを、まあ例外とすれば。

だから、すべての人間は死ぬ、っていうのは、かなり深い確信なのです。人間はすべて死ぬ。それは、この社会のルールなのです。

自分が死ぬということ

さて、死ぬということは、実は考えるのが難しい。

命がなくなる。これは、死ぬことの条件なんだけれど、死ぬということは、単に命がなくなることではない。

単に命がなくなることを、絶命といいます。

小学生のころ、カエルを殺す、なんていう遊びが流行《はや》った。石を落っことしてつぶしちゃったりとか、けっこう残酷な方法で、カエルを殺しちゃうわけ。いままで動いて、生きていたカエルが、体が壊れて、死んじゃった。目の前で命がなくなっているわけです。アリだって、踏みつぶせば、死んでしまいます。

それは、モノが壊れたのとよく似ています。時計が壊れて動かなくなるみたい。命というメカニズムが壊れちゃったということはわかっても、それ以上のことはわかりません。そして大事な点は、命というメカニズムが壊れたということを確認している私がいて、命が働いていたときも、命が壊れたあとも、私はそれを見ているということです。そして私は、生きているということです。

絶命ということ、命がなくなるということは、誰かが観察して、確認することができます。でも、確認するひとがいなかったら、命がなくなったということを確認できません。絶命は、観察できるから、経験的事実です。カエルが死ぬのと同じように、人間が死ぬところも観察できます。だからそれは、経験的事実です。いちおう。

そこで、はたと考えるのです。目の前でほかの人間が死んだから、私も死ぬかもしれない。私が死ぬところを、私が観察できるか。

答えは当然、観察できない、です。なぜなら、死ぬとは、観察するこの私が存在しなくなることだから。私が死ぬということを、見届ける方法がありません。ほかのひとが見届けても、もちろんいいんだけど、ほかのひとが見届けるということを、私が見届けることはやっぱりできません。だから、どう転んでも、私が死ぬということを見届ける方法がない。私が死んだってことを確かめるすべがない。そういう点で、大変に特別なのです。

これをひと言で言うならば、私が死ぬというのは、経験的な事実ではない、です。経験的な事実というのは、確かめられるということですね。

私が死ぬというのが、経験的な事実じゃなく、経験的な知識でもないとすれば、それは何なのかと言うと、超経験的な事実、です。

超経験的な事実。

ふつう、事実は、経験的な事実のことなんですけど、超経験的な事実というのは、それ以上のことです。この世界のあり方、この社会のあり方にともなって、必然的に起こることになっていること、という意味です。つまり、そういうものなんです。

死はなぜ怖いのか

こういうことを、死を考えたひとは、みんな考えます。

昔、ギリシャに哲学者がいて、死を恐れるなと言いました。あなたは死が怖いとか言うけれど、死を恐れる必要はない。なぜか。死を恐れているとき、死はまだやってきていない。死がやってきたとき、あなたはいない。ゆえに死は、決してあなたのところにやってこないんだから、あなたは死を恐れる必要はありません、って。

死が怖いという感覚について考えてみます。

死が怖いのには、いろんな理由があります。『社会の不思議』という本（朝日出版社、二〇〇七年）に、書いたんですけれど、死が怖い理由は、四つあります。

一、死ぬときに、痛かったり、苦しかったりする。

二、生きていたらできることが、できなくなる。

三、大事なひとと、会えなくなる。

四、初めてのことなので、どうなるのか不安。

説明しなくても、わかると思いますが、まず、痛い、苦しい死に方がたくさんあります。このことを詳しく説明すると、死ぬのがますます怖くなるから、やめておきます。

二番目は、会社の仕事がやりかけだとか、結婚したばかりなのに残念だとか、孫の顔もみたい、とかですね。

三番目は、好きなひとと会えないのは、つらい。でも、嫌なひとと会わなくてすむかもしれない。

四番目は、今まで生きていたのに、死んじゃうのは、誰でも初めての経験だし、死んだらどうなるのかわからないから、不安に思うのは当然です。

ひとつだけでも大変なのに、この四つがいっぺんに起こるのが、自分が死ぬということです。

これって結構、大変です。人生で、こんなに大事なことがいっぺんに起こることはありません。江戸時代に、蜀山人《しょくさんじん》というひとに、こんな狂歌があります。

《いままでは、ひとのことじゃと思いしが、俺が死ぬとは、こいつぁたまらん》

これは、どういうことかと言うと、ほかのひとが死ぬのと、自分が死ぬのは、全然意味が違うということです。ほかの人が死んでも、私は痛くも痒《かゆ》くもないのです。でも、私が死ぬと、これまでの根拠や前提がすべてくつがえってしまって、私の知ってる世界が、私と一緒に、なくなってしまいます。

世界の中から私だけが消えるわけではなくて、この世界が消えてしまうんです。世界が消えるということが、どういうことかっていうことを、考えることができません。なぜなら、それは、経験的な出来事ではないから。

死は経験できません。

死は、考えることができるだけです。予期することができるだけです。死は、自分の自由になりません。だけど、死は、自分の可能性です。そのうち死ぬだろう。そして、自分の必然性です。死なないわけにはいかないだろう。可能性であり、必然性であり、そして不可知性です。死が何だか知ることはできないだろう。こういう、奇妙なものなんですね。

死ぬことの責任

さて、この先をもうちょっと考えてみます。

私が死ぬと、私の知ってる世界も、社会も、全部なくなってしまいます。あとは野となれ、山となれ、ですね。

しかし、私の知ってるこの世界を生きている、ほかの人びとからすれば、私が死ぬことは、単におおぜいいる人間の一人が死ぬことに過ぎません。私がいなくなるだけで、世界も社会も、相変わらずそのまま続いていくんです。私に子どもがいたら、「お父さん、死んじゃった」と思って、お葬式をどうしようかとか、遺産をどう分けようかとか、いつお墓参りに行こうかとか、そんなことを心配しながら、日々、まだ生きていくわけです。

私自身もそうやって、今まで何人もの人びとの死をやり過ごしてきました。私の死もそうやって、そのほかの人びとにやり過ごされていくでしょう。私が死んでも、この社会はびくともしません。私一人がいなくなっただけであるかのように、続いていきます。これが社会の本質です。そうに決まってるんですけど、もはやその社会に私は属していないし、そのことを確認することもできないんですね。

確認できないのに、なぜそう信じるのでしょう。

今までほかのひとの死を、ほかのひとの死だと、黙殺してきたことのしっぺ返しだとも言えます。今度は自分が死ぬといういちばん肝心なそのときに、それはただ「誰かが死んだんだってさ」と、みんなに黙殺されてしまいます。ある意味、とても残酷です。この関係を見極めないと、この社会の構造はわかりません。

死ぬひとと、まだ生きているひとととの関係は、どういうものでしょう。

いま、ニヒリストのひとがひとり、いたとします。人間はしょせん、自分のことだけしか考えていないのさ。ほかの人のことなど考えるはずもないし、自分さえよければ、それでいい。結局のところ、人間なんてみんな、そうやって生きているエゴイストにすぎないのさ。と言うのが口癖の、ニヒリスト。

この、人間はみんなエゴイストだと信じているニヒリストが死ぬとき、どうなるかというと、死んだあとの世界は自分にとって存在しないのも同じ。そこで遺産を残すのは無駄。生命保険にも加入しない。遺産を残すぐらいだったら自分のために使ったほうがよほどまし、という生き方をしているはずです。

そこであと余命三カ月と、ガンの診断で言われてしまいました。そうしたら、三カ月分の生活費は銀行に残しておいて、残りの貯金を全部引き出して、ラスベガスで豪遊して使ってしまう。いや、三カ月の生活費を残しておく必要さえありません。病院の治療費なんて、どうせ死ぬのだから、借金を踏み倒せばよいのです。

こういうニヒリストにとっては、炭酸ガスがどんなに出て地球温暖化が進もうと、資源が乱獲されて将来世代が困ろうと、知ったこっちゃないわけですね。だって、自分が死んだあと、世界は存在しなくなるんですから。存在しない世界に対して、なんの責任もありません。そこで、生きている間は、完全に自分勝手に生きる。これがニヒリストです。

でも、ふつう人間は、ニヒリストとして行動しないんですね。

ふつうのひとは、どうやって行動するかというと、いつ死んでもいいように、そろそろ身のまわりの整理をしておきましょうとか、生命保険に入って、残された家族が困らないようにしましょうとか、お葬式とか、お墓とか、当座の生活費とか、そのほかのいろいろなことに気を配って、準備をします。そこで自分の生活費を節約して、ちゃんと生命保険料も支払います。自分の人生にはいろいろやり残したことがあるけど、思えば、高校時代にずいぶん先生がたにお世話になったから、後輩たちの助けになるように、出身高校に遺産を三〇〇万円、寄付しましょうとか、いろいろと手配します。そうやって、自分がいなくなった世界や社会に、責任を取ったり、貢献したりしようって思うのです。

大部分の人はこういうふうにします。不合理に見えますか。なんでそんなことをするのでしょう。

それは、生きているということは、自分が生きていた理由、自分が生きている意味が、確認できるということだからです。それが、自分の存在理由で、自分の幸せだとか、人間として生きたことの証しだとか、思えるのです。自分だけの損得よりも、こっちのほうがよほど大事で、譲れないのです。

このように、自分が死ぬことと、残される人びととが、つながっているという感覚が、人間が死ぬということの特徴です。

人生の意味

さて、あることがらの意味は、それが終わって、終わった時点から振り返ることによって、明らかになります。

豪腕の速球投手Aさんが、中盤まで好投して、相手打線を抑えていたとします。勝利投手の権利を残して、中継ぎ投手と交代しました。じゃあ彼は、チームの勝利に貢献したのでしょうか。今季七勝目をあげたのでしょうか。でもあにはからんや、中継ぎ投手がつぎつぎ打たれて、チームは逆転負けしてしまいました。A投手は、勝利投手になりませんでした。両チームの勝因・敗因は、A投手の好投と、別のところにあったことになります。A投手の好投は、報われませんでした。むだに好投したことになってしまいます。

人生はいつでも、途中の状態です。誰もが、将来に向けた準備をしています。結果が出そろっていませんから、どこがよかったか悪かったか、プロセスの途中で判断するのはむずかしいのです。「人間万事、塞翁《さいおう》が馬」とは、こういうことを言っているのでしょう。

そして、自分の人生の結末を知っているひとは、誰もいないのです。

人生の結末がわかって、その結末から振り返ると、自分の人生全体を正確に意味づけられるような気がします。昔から、棺の蓋を覆って、その人の評価が定まる、などと言います。そこで、自分では見届けられないけれども、自分の人生はこうだったたって、ピリオドを打ったあと、死んだあとの視点がないと、自分の人生は完結しないのだと、人間は思いたくなります。

自分がいなくなったあとの視点。それは、他者の視点なのです。

他者から、社会から、自分を見ているという、その視点が必要だということです。

この視点があればこそ、自分は、自分ひとりの命よりも大きな人生を生きることになります。遺産を遺言でみんなに分けたり、子どもたちの将来を考えたり、社会のことを考えたり、いろいろするのは、自分が社会を支えていたように、自分も社会に支えられていて、その関係は自分が死んでも壊れませんよ、って思いたいからなのです。

その視点があれば、自分の人生が、意味あるもの、価値あるものになります。

こういうふうに、エゴイストのニヒリストとして生きるよりも、社会とつながりを持ち、コミュニケーションを持って生きているひとのほうが、断然、人間らしく充実した人生を生きていることになるはずです。

死は人生を完全にする

さて、こういうふうに見ると、自分の死は、決定的なマイナスではありません。

これまですべてのひとは、みんな、死んできました。その人びとと自分が同等ならば、仲間ならば、自分も死ぬべきなのです。死ななかったらおかしいのです。

これまでのすべてのひとは、ある場合は不本意ながらも、あるいは喜んで、死を迎えました。あるときは水に溺れて苦しみながら、あるときはライオンに噛みつかれて痛みのさなかで、あるときは年老いて安らかに、それぞれの死を迎えたけれど、自分で死に方を選んでいるわけではありません。死にたくなくても、死ぬのがイヤでも、それでもしかたなく、平等に、みんな死んできました。

それがこの社会を生きる人びとの宿命だとすれば、自分もその宿命を受け入れて、死ぬのは正しく正当だ、公平だと、思うべきなのです。死ぬのが、最後の人間のつとめだとすれば、そこから振り返って、自分の死を、自分なりに意味づけてみる。それが自分の人生にピリオドを打つ、最後のやり方です。

そして、子どもがいたら。子どももやがて死ぬことになるわけですから、どういうふうに死んだらいいのか。どういうふうに死と向き合えばいいのか、やがて考える子どもや孫に、ひとつの手本なり、手がかりなりを与えることができる。などと、考えることもできます。

そうすると、死は、単なる絶命ではなくて、大事な生き方のひとつになります。創造的（クリエイティブ）なものなんですね。

動物は、こんなふうに死にません。動物は動物として、動物であるという宿命を甘受して、それぞれの場所で死んでいきます。

人間はもう少し自由ですから、同じく生き物で、命を失うという条件のもとでも、社会の中でどう生き死にするかを、自分の生き方として、死に対する態度として、表現することができると思うのです。

死を悼む

さて、ひとがこのように死ぬと、人間はそのたびに、そのひとの死を悼む、葬式を行ないます。

死体は、生ゴミですから、ほうっておくと、腐ります。臭います。不衛生です。そこで、そのひとに対する敬意を表現するために、死体が自然に腐敗していくというプロセスに介入します。

介入する方法はいろいろあります。生《なま》のまま土に埋める。火で焼いてしまう。それから風葬といって、特定の場所に置いておく。鳥葬といって、刃物でバラバラに解体して、鳥に食べてもらう、というのもあります。

土に埋めるのと、火で焼くのが、ふたつの典型的なやり方です。どちらも、そのまま腐敗していくのを食い止めて、「処理」しているという点に特徴があります。死を悼む儀式。これは、人間の人間的なあり方ですね。

これと似ているのは、料理です。

料理とは、食べるものを、そのまま生《なま》でガツガツ食べるのではなくて、焼いたり、煮たり、切ったりして食べるでしょう。つまり、自然に手を加えています。だから、文化なのです。食べ物を食べるのは自然現象ですけれど、それを社会的な出来事として、実行します。

体のなかに命の材料が取り込まれる入り口が、料理なら、体が自然に戻っていく出口が、葬式なのですね。

ものを食べるのと同じように、人間が死ぬのも自然現象なんですけれど、それを社会的な出来事として表現するために、死体を処理します。死体を処理するとは、そのひとの体を、人間の体として敬意をもって扱うということです。

敬意をもって扱って、死体を処理することを、葬るといいます。その儀式を、葬式といいます。

葬った結果、その死体が置かれている場所に、なにか目印をつければ、それは墓になります。墓にその人が眠っているというかたちで、死者を記憶します。かけがえのない人間は、名前がついていて、もう戻ってこないのです。そのひとを記憶するとすれば、死者として記憶することになります。死者として墓があったり、位牌《いはい》があったり、名前が記されてあったりして、それを記憶しているかぎり、死者は死者というかたちで生きます。生きている人びととの社会関係を結びます。

死者が死者として社会的に生きるひとつのあり方は、中国でやってるみたいな、祖先崇拝です。祖先の名前、祖先がやったことを記憶して、祖先に感謝します。祖先がいるおかげで、私たちがいま、ここにいることができます、と感謝します。

そうすると、祖先を崇拝している自分たちも、やがて祖先の列に加わり、子孫に礼拝されることになります。そうやって、社会が安定し、永続します。自分の人生が記憶に留められ、尊敬されるのですから、自分の人生が社会のなかに安定して位置づけられます。だから、人びとに、深い満足を与えます。これを組織化してあるのが、儒教ですね。

日本は、そこまでの祖先崇拝はないけれど、実際に顔を突き合わせていた肉親は、仏壇に位牌として祀《まつ》ったり、それから、墓をつくってお参りをしたりします。子孫が先祖を覚えているかぎり、それを続けます。これも人間的なあり方ですね。

このような、死にまつわる儀式を持っているのが、社会の特徴です。

人間が生まれることも、人間が死ぬことも、ある種、厳粛なことであると感じられるし、そういうふうに人びとはふるまいます。なぜ厳粛かというと、それは、その人にとってもどうしようもない、人間の生存の基本条件に関わることだからです。

泣いたり、笑ったり、言葉でどう表現したりしても、その条件は動かせません。ゆえに、最大級の敬意をもって、その事実を受け止め、そのプロセスをみんなで行なう。つまり、儀式ですね。

ところどころこういう儀式が挟まっているのが、社会のおもしろいところです。

人間は、年をとって、死が近づくと、精神の働きが少しずつゆっくりになってくる傾向があります。いわゆる、ボケです。若いころのように、ものごとをするどく精密に認識しなくなります。

これは、必ずしも困ったことではありません。自分の死を受け入れやすくなる、とも言えるからです。

宗教 *religion*

宗教は、人類の文化になくてはならないもの。いや、人類の文化の中心です。主な宗教をあげてみましょう。キリスト教、イスラム教。ヒンドゥー教、仏教。儒教、道教。ついでに日本の神道、みたいになっていて、これらがなかったら、人類の文化は文化じゃなくなるし、人類の歴史は歴史じゃなくなってしまいます。

これら宗教の役割はなにかというと、ある範囲の人びとが、同じことを考え、同じように行動するようにさせることです。しかもこれは、政府の命令でもないし、暴力による強制でもない。宗教を信じることで、自然にそうなるのです。その結果、人びとは、相手の考えが理解可能になり、相手の行動が予測可能になります。そして、広い範囲で政治的まとまりをつくったり、社会的ネットワークをうみだしたりすることが可能になります。

このように宗教は、とても広い範囲（五億人、一〇億人といった人数の人びとのあいだ）に、共通性をつくり出して、社会の矛盾を取り除く力があります。だからこそ宗教が必要とされ、二千年、三千年も昔に、これらの宗教が出現したのです。

これは、たとえて言うなら、コンピュータの「ＯＳ」（ウィンドウズ8などの、基本ソフト）みたいなものだと思えばよいでしょう。人間は、バイオ・コンピュータです。人間は生まれたままでは、頭の中が真っ白で、何のＯＳもインストールされていません。人間のかたちはしていても、人間として考えたり行動したりできません。そこで急いで、ＯＳをインストールします。その社会でみんなが用いているものの考え方や行動様式を、身につけさせます。これが、しつけなんですけれど、その根本は、その社会でみんなが信じていること、つまり宗教です。こうして、しばらくすると、キリスト教文明のひとはキリスト教文明の考え方や行動様式を、イスラム文明のひとはイスラム教の考え方や行動様式を、ヒンドゥー教や儒教の場合もそれぞれの考え方や行動様式を、身につけるようになるのですね。

さて、宗教は人類の大きなグループをつくりましたが、人類をひとつにまとめるまでにはなりませんでした。いま、四つの大きなグループがあると言えると思います。第一は、西欧キリスト教文明。第二は、イスラム文明。第三は、ヒンドゥー文明。第四は、中国儒教文明。これらはそれぞれ、一〇億人から二〇億人以上の人びとを擁していて、人類の大部分（六〇億人以上）はこのどれかに属しています。二一世紀のグローバル社会は、宗教をベースにしたいくつものグループからなる多元的な社会、と考えればよいでしょう。

これらのグループは、その内部では、よく似ています。グループが異なると、互いにあまり似ていない。宗教があると、同じ宗教の人びととは共通点が増えてよいのですが、異なる宗教の人びととは相違が大きくなってしまいます。宗教には、人びとの争いを減らす面と、増やす面と、両面があるのです。

ともかく世界は、これまでの歴史によって、背景となる宗教が異なる四つのグループから出来あがっているのです。それぞれのグループの人びとが、どのように互いに理解しあい、連帯できるかの道をさぐることが、いま、最大の課題になっていると言えると思います。

神を信じない宗教

宗教は、神を信じることなのでしょうか。

日本には神々がいて、神を拝んでいます。キリスト教にも神がいて、神を拝んでいます。イスラムにも神がいて、神を拝んでいます。インドにも神々がいて、神を拝んでいます。というふうに、宗教は神を拝むものなんだ、ととらえられがちです。たしかに、神を拝むなら、宗教です。しかし、宗教なら必ず神を拝むものなのかというと、そうとも限りません。

たとえば、仏教。

仏教は実は、神に関心がありません。仏教は、人間に関心がある。あなたも人間なら、あなたの頭を使って、世界を正しく認識し、真理を理解することができますよ、と考える考え方なのですね。

仏教は、宗教のなかでもかなり宗教らしい宗教じゃないですか。その宗教らしい宗教が、神を信じないという考え方をもっている。すなわち、神を信じることは、宗教であるための必要条件ではないのです。

とはいえ、世界の主だった宗教で、神を信じるものは多い。

まず、一神教。具体的には、ユダヤ教、キリスト教、イスラム教、です。これらは神を信じる宗教です。

一神教でなくて多神教としては、ヒンドゥー教があります。多神教は、世界中に無数にあります。神道もそうですね。

こういう大どころの宗教が神を信じているので、どうしても、神を信じるのが宗教だという気がしてきます。でも、仏教や、あとで述べる儒教のように、神を信じることに関心がない宗教もあるのです。

一神教の構造

一神教について、もうちょっと説明します。

イスラム教はアッラーを崇め、ユダヤ教はヤハウェを崇め、キリスト教はイエス・キリストの父なる神、ゴッド（God）を崇めます。これらの神は、実は、同一の神です。一神教は最初、ユダヤ教から出て、キリスト教、イスラム教と発展したものなので、同じ神を信じる宗教なのです。

同じ神を信じる宗教は、同じ宗教ではないのでしょうか。ある意味、そのとおりです。でも、じゃあなぜ、ユダヤ教、キリスト教、イスラム教が、別々に存在して、あんまり仲がよくないのでしょうか。

それは、同じ神を信じるのに、神の信じ方が違うからです。神の信じ方、とは具体的に言うと、神の言葉を伝える預言者、のこと。神は同じでも、預言者が違うのです。

イスラム教の場合、神は、預言者ムハンマドを通して語りかけ、その言葉をまとめた『コーラン』を聖典としています。

ユダヤ教は、『ヘブライ語聖書』を伝えた預言者たち、具体的には、モーセを筆頭に、イザヤ、エレミヤ、エゼキエル以下の預言者を重視します。

キリスト教は、ナザレのイエスを、預言者を超えた、神の子キリストと考え、その言葉をまとめた福音書を含む、『新約聖書』を持っています。

このように、同じ神を信じるとしても、預言者が違えば、神の言葉が違ってきますから、神に従う従い方（神との契約）が違ってしまいます。これが、宗教が分かれた理由です。

一神教はこうやって、神に従おうとします。しかし人びとは、なかなか神に従うことができません。神に従うことができず、神に背いてしまうことを、「罪」といいます。人間は、神に対する罪を犯しているのです。

罪があれば、罰せられます。

どう考えても、罰せられます。

しかし、ある特別な条件が満たされれば、罪があっても罰せられることなく、赦され、救われるかもしれません。どうやったら赦されて、救われるのでしょうか。これが、一神教の中身なのです。

キリスト教が特別な考え方をしているので、この点をさらに説明します。

キリスト教は、原罪といって、すべての人間は人間として造られたその、そもそもの初めから罪があった、と考えます。罪があるままでは、神に批判され、罰を受けるしかありません。

でも、それは気の毒だと神は考えて、イエス・キリストを送ってくれました。イエス・キリストは、人びとが罰を受けることがないよう、人びとの身代わりとなって、人びとの罪を背負って、罰を受けました。そこでもう、罰はすんでいるのです。ゆえにイエスが、私たちの救い主だと信じるならば、人間は罪があるまま救われる可能性が出てくるのです。

イエスを信じることが救いへの道。イスラム教だったら、イエスはいませんから、アラーの命令に従うことが救いへの道ですね。救うか、救わないかは、最終的には神の一存なので、人間にはわからないのです。

これが一神教。

仏教

仏教は、全然違う考え方を持っています。

仏教はそもそも、神に関心がないと言いました。

仏教で大事なことは、まず、ゴータマ・シッダールタというインドに生まれた青年が努力の末、「覚った」と信じることです。ゴータマは覚って、ブッダ（覚った人）となりました。

ゴータマがなぜ、覚ることができたかというと、この世界が因果関係で出来ていることを正確に認識し、覚りをうるための原因を積んで、条件を満たしたからです。そこにはなにひとつ、不思議なことが起きているはずがないのです。

だとすれば私も、修行して、この世界が不完全である、その理由を突きとめて、ゴータマとまったく同じ条件を整えれば、覚ることができるはずです。ゆえに私は、ゴータマを真似して、修行をします。はい、仏教徒がひとり、できました。

これが仏教の、基本的なロジックです。ゴータマも人間である以上、そして私も人間である以上、そこには違いがない。ゴータマに出来たことは必ず、私にも出来るはずです。このような考え方なんですね。このロジックに、神さまは出てこないでしょう。

儒教

儒教はどういう考え方かというと、やはり神さまに関係がない。

儒教は、中国に、立派な政府をつくりたい。どうやったらつくれるでしょう、という議論です。

立派な政府さえつくれば、人びとは平和に暮らせて、人びとの幸せが自動的に実現する。人びとが幸せに暮らす。これが言うならば、「救い」です。救いは立派な政府をつくればえられるんだけど、立派な政府をつくるためには、立派な政府職員がいなければなりません。

ここで「立派」とは、ちゃんと教育を受けた、という意味です。「私が、立派な政府職員のタマゴを育てるために、ちゃんと教育を行ないます」。これが、孔子の言ったこと、孔子のやったことなのですね。

こう考えると、儒教は、政治学です。孔子はその教材に、古いテキストを集めてきました。それを、「経」といいます。四書五経の「経」ですね。そこには、昔の王さまの政治のやり方が書いてあります。それを読んで、覚えて、体得して、それを参考に、現代での政治のやり方を考えるのです。過去の事例を参考にして。

儒教では、政治に参加する能力を身につけることが大事ですけれど、その能力があることは、自分で証明します。その証明のために、科挙という筆記試験が定着しました。「経」をまる暗記しているうえに、応用もきかないと、よい解答が書けません。そういうむずかしい試験をパスすれば、高級官僚になれます。

以上が儒教の骨格です。儒教にやっぱり、神は出てこないのです。

神道

日本には、神道があります。宗教として、かなり原始的です。

神道の「神々」とは、要するに、自然現象を人格化したものです。雨が降るとか、太陽が照るとか、稲が実るとか、社会の生存基盤を成り立たせる条件をみんな、神ということにして、列挙して、その安定したネットワークに自分たちが支えられていると考える。そこで、多神教になります。

そんな神道をやっていたところに、仏教が伝わりました。儒教も伝わりました。仏教も儒教も、神道とは全然違ったロジックを持っています。そこで神道と、仏教、儒教との関係（言い換えれば、神々と、仏や天との関係）が焦点になりました。

日本人は最初、仏教と神道を結び付け、つぎに、儒教と神道を結び付けました。仏教と神道を結びつけるのに、「日本の神々はみんな、もともとインドの仏や菩薩である」という学説を立てました。これを、本地垂迹説《ほんじすいじやくせつ》といいます。経典のどこにもそんなことは書いてありませんが、反対意見がなかったので、これでいいことにしました。

江戸時代になると仏教は、社会的な評価を失って、代わりに儒教が表舞台に登場しました。そこで多くの学者が、こんどは神道と儒教を結びつけようとしました。儒教と神道を結びつける作業を、一番徹底して行なったのは、山崎闇斎《あんさい》という人です。この人は儒学者なのに、自分で新しい神道をつくって、神主になってしまいました。

儒教の考え方では、政治の規準になるのは、天です。天から命令が下って、政治家

（皇帝）は政治を任されます。けれども、天皇は、天ではなく、天にいる神々のリーダー（アマテラス）から、政治を任されました。しかも天皇は、アマテラスの直系の子孫だということになっています。

儒教では、皇帝が政治をしっかりやらないと、命令違反ということになって、交代させられます。これが、革命（天命があらたまること）です。それに対して、日本では、アマテラスと天皇は、血のつながった身内ですから、命令違反で交代させられたりしません。そこで、万世一系になるのです。

江戸時代に主流だった朱子学は、武士たちに、正しい主君に仕えなさい、と教えました。正しい主君は、古い書物を読んでみると、天皇だということになります。アマテラスの子孫なのですから。そうか。じゃあ、武士が天皇に従うべきなら、江戸幕府（将軍）はいらないじゃないか。こうして、江戸幕府ぬきで、武士が直接、天皇に従おうという考え方（尊皇思想）が生まれて、明治維新に結びつきました。その際、神道にからみついた仏教は邪魔でしたから、廃仏毀釈《はいぶつきしやく》になったのです。

神道の論理で読みかえた儒教。あるいは、儒教の論理で読みかえた神道。これが、明治の文明開化の出発点になっていると思うのです。

職業　job

職業とは、仕事のことです。収入があって、かなりの時間をさいていて、それで生活を支えている、そういう活動をいいます。

職業の反対は、趣味です。趣味と職業はどう違うでしょうか。やっている内容に違いがない場合もあります。違いは、やり方です。趣味は、気が向いたときにやります。好きだからやるので、気が向かなければやりません。

趣味と似ているものに、ボランティアもあります。ボランティアは、ふつう、ほとんど、あるいはまったく報酬をもらわないので、それで生活できません。親切で、善意でやっているもののことですね。やりたいからやる。やれるからやる。余裕がなければやらない。これが、趣味・ボランティアの世界です。

趣味・ボランティアの特徴は、あてにならないことです。たとえば、今日はよろこんで活動していても、明日は休むかもしれません。あてになりません。あてにならないものは、社会の基盤にはならないのです。

これに対して、仕事の特徴は、嫌なときでもやることです。嫌でも、仕事だから、やらなければならないから、やります。

仕事は、本人にとっては、負担なのです。嫌なときでも、やらなければならないから。けれども、本人以外のひとから見ると、これはとてもよいことです。本人も、生活できるだけの報酬をもらえるのだから、よいことでもあります。報酬をもらえるからまあいいや、と納得するしかないのですね。

例をあげて説明しましょう。電車の運転手さん。学校に行ったり仕事に行ったりするのに、みなさんは電車に乗るかもしれません。時刻どおりに電車がくるのはなぜかと言うと、運転手さんが朝、眠いなあ、昨日は遅くまでサッカーを観ちゃったなあとか、奥さんとケンカしてむしゃくしゃするから、今日は仕事をやめて気晴らしに魚釣りに行きたいなあとか、思ったとしても、仕事だからと出勤して、時間どおりに電車を運転しているからです。運転手さんがチャランポランでは、みんなが迷惑します。きちんと電車を運転するから、仕事になっているのです。

もし世の中から仕事をなくして、残らず、趣味とボランティアにしてしまうと、どうなるでしょうか。ある活動は、やりたいひとが大勢いるけれど、別な活動は、やりたいひとが誰もいない、ということになります。それに、やりたいひとがちゃんとその活動をするかも、あてになりません。電車の運転を趣味でやってもらっていると、飽きたからと言って、誰も来なくて、電車がストップするかもしれません。

仕事は、そういう意味で、一人ひとりに義務と責任を割り当てて、本人には負担になりますけれど、そのことで、社会全体には大きな利益を生み出すのです。世の中の仕事にはいろいろあるでしょう。どの仕事にも、それを職業にするひとがいて、負担を引き受けているかわりに、世の中はそこから利益を得て、うまく回っているのです。

このように、人びとがいろいろな仕事を分担していることを、分業といいます。

分業は、大勢の人びとが互いに依存して、うまく生活していく仕組で、社会の基本です。そして、分業が維持されるのは、人びとが報酬（お金、サラリー）をもらうからなのですが、そこには貨幣経済があります。貨幣経済は分業を発達させる、とてもうまい工夫です。

職業はなぜできた

人間には必ず職業があるかというと、そんなことはありません。その昔に、職業などありませんでした。

はるか昔、人間は大勢で暮らしていましたが、全員が同じ活動をしていました。みんなで狩りに行く。みんなで貝を拾う。みんなで建物を建てる。大事な活動ですけれども、誰かに任せてほかの人はやらない、ということはないわけだから、職業ではありません。

こういう社会でも、分業がないことはありません。どういう分業かというと、男性と女性の分業です。子どもを産むのは女のひとで、男は子どもを産めません。母乳も女のひとからしか出ません。そこで育児が、女性の役割になるなどして、男性がやること、女性がやることが、自然に分かれている社会が多かったのです。

これを、性別役割分業といいます。性別役割分業は、職業ではありません。

そのほかに、年齢による分業もあります。子どもは、草むしりをしなさい。成人男性は、戦争のときに武器をとって戦いなさい。老人は、ゾウリを編みなさい。みたいに仕事がわかれているのが、年齢による分業です。これもやはり、職業ではありません。初めはこのように、素朴な分業はあっても、職業はなかったのです。しかし、本格的な分業が始まると、職業ができあがりました。もちろん現代社会では、分業がとても発達していて、数えきれないほどの職業があります。

農業革命と社会階層の分化

本格的な分業がどのように始まったかというと、農業がきっかけになりました。農業は、ムギやコメ、トウモロコシのような栽培植物を、農地に植えて栽培し、収穫する、というものです。栽培植物ははじめ、野生種だったのですが、人間の手が加わっているうちに、栽培種が自然に出来上がりました。

栽培種のムギやコメがあれば、農業ができます。種もみを蒔《ま》くと、どっさり収穫ができて、あまり労力をかけなくても、穀物がたくさん収穫できます。どれぐらいたくさんかというと、農業人口が全人口の半分ですむぐらい。残りの人びとは、農業にたずさわらなくても食べて行けるので、社会階層の分化が起こります。

こうして、王や貴族などの統治階級、職人、商人、神官、軍人、などが現れます。職人は、製造業に従事してばかりの人びと。商人は、商売してばかりの人びと。神官は、宗教活動に従事してばかりの人びと。軍人は、戦争ばかりに従事する人びと。つまりみな、職業をもつ人びとです。農業ももちろん、こうした職業のひとつになります。

職業の決め方、決まり方

では、世の中にさまざまな職業があるとして、誰がどの職業をやるかは、どうやって決まるのでしょうか。

大きく分けて、ふたつの決まり方があります。ひとつは、本人の希望で決まる。もうひとつは、本人の希望に関係なしに、誰かが決めたり、最初から決まっていたりする。

歴史的に見ると、本人の希望で決まるのは近代社会で、それまでは本人の希望に関係なく職業が決まっていました。

たとえば家業といって、家の職業が決まっていて、親がその職業をしているから、子どももその職業をしなさい、というやり方です。こういうやり方はいまでも、少しは残っているでしょう。日本でも歌舞伎の家系とか、お茶の家元とか、天皇家とか、があります。昔は大部分の職業がそうでした。

そのほかに、身分だからという決まり方もありました。身分は、親がこのグループだから、子どもこのグループ、という具合に決まってしまうので、職業とも結びついています。武士とか、町人とかいうのは身分でしたね。この考え方を徹底するとインドの、カーストというものになります。これは項目を改めて、よそで説明することにします。

本人の希望と無関係に職業が決まるというやり方の、いい点。仕事はどうせ嫌でもやらなければならないものですから、これでいいのです。社会が、とても安定します。必ずその仕事をやるひとがみつかります。でも本人の希望はゼロですから、やりたくてその仕事をやっているというひとが、世の中全体の、ごく一部になってしまいます。仕事の能率が上がらないかもしれません。

本人が自分の仕事を選択するやり方の場合、どの職業が向いてるかなあと、誰だって思います。やりたい職業、やる値打ちのある職業は何だろう。近代社会では原則として、どんな職業も、本人の希望で就くことになっています。職業選択の自由があります。そこで、どの仕事に向いているかを見きわめるのが、とても大事になるわけです。

やりたいのとうまくできるのとは、違います。うまくできることを、能力といいます。能力がある仕事を選ぶべきなんですね。でも、ここに問題があって、能力があるから、その職業を選んだのか、それとも、その職業をやっているうちに能力が身についたのか、ニワトリと卵のような関係で、よくわからないのです。

たとえば、誰それは歌舞伎役者の能力があるとか言うけれど、歌舞伎の舞台に立つことができるのは、ごく限られた人数の人びとだから、ほんとうのところは誰にもわからないのです。そういうことを言い始めると、世の中には数えきれない数の職業がありますから、誰だって、たいていの職業はやってみたこともないわけです。やってみたこともないのに、その能力があるかどうかなんて、本人にもわかりません。そこでいわば、「エイヤッ!」と仕事を選ばなければなりません。ギャンブルみたいなものなのです。

どう職業を選ぶか

さて、皆さんは仕事を選ばなきゃならないわけですけれど、どういうふうに選んだらいいでしょうか。

仕事は、さっきも言ったように、好きならそれにこしたことはないのですが、今日は気分が向かないなあと思っても、やらなくちゃいけません。ちょっとぐらい収入が低くなってきても、経営が思わしくなくなっても、がまんして続けて行かなければなりません。そういうときでも続けられるだろうかと、考えてみるのが第一です。

第二に、苦労しないでじゃんじゃん儲かる、みたいな仕事を決して選ばないことです。どうしてかと言うと、もしもある仕事が、苦労しないでじゃんじゃん儲かるのなら、みんなうらやましく思ってその仕事をやろうと思うので、大勢が押しかけてきます。そうすると、競争が厳しくなって、儲からなくなるうえに、その仕事からはじき出されてしまうひとも出て来ます。つまり、とても危険です。むしろ、みんながいまあんまり注目していない仕事、あんまりやりたくないと思っている仕事だと、そういう競争が少ないのです。これは見ッケ、ですね。

第三に、それと関係しますが、その職業に就くのに資格が必要だったり、長期間の準備が必要だったりして、急にその気になったひとが飛び込んで来られないような仕事は、とても利点があります。資格を手に入れるのに、ちょっと頑張らなければいけませんが、ハードルが高いことが、自分を守ってくれるのです。

資格がないとできないもの。小・中・高等学校の教員。医師、歯科医師、看護師。公認会計士、税理士。土地家屋調査士。司法書士、行政書士。理容師、美容師。調理師。特殊車両の運転免許。航海士。薬剤師。弁護士。まだまだいろいろあるので、調べて下さい。

職業に就いていると、どういういい点があるかというと、第一に、収入が得られます。自分の生活を支えることができて、家族に対する責任も果たせます。

第二に、あなたの活動に対して、「社会の支持」がえられます。モノをつくったら売れたり、サービスを提供したら報酬が支払われたり、公務員だから、予算を使って雇われたり、するのが職業です。社会に向けて、意味があり、価値がある活動だからこそ、みんながそれを認めて、対価を払ってくれるわけです。社会に対する責任を果たす大切な活動が、職業なのです。

この社会を人びとと共に生きる一人の人間として歩むには、職業を通じて、社会に必要で有用な活動をしているということが、まず基本になります。職業について、しっかり理解を深めておくことが大事ですね。

奴隷制とカースト制 *slavery and caste system*

インドに、カースト制という制度があります。

インドにしかない、特別な社会の仕組みです。

インドを理解するのに、カースト制は欠かせないものなので、カースト制がどんなものか、考えてみましょう。

カーストは、もともとポルトガル語で、インドを占領したイギリス人が用いた言葉です。インドでは、ヴァルナ（種姓）とかジャーティ（出自）とかとよびます。

カースト制は、社会科の時間に習ったように、インドの人びと全員を、四つのグループに分けます。上から順に、バラモン／クシャトリア／ヴァイシャ／シュードラ、というのでした。本当はその下に、その四つに入らないアウトカーストの「不可触賤民」（ダリット）もいるのですけれど、話を複雑にしないために、とりあえず四つのカーストを中心に議論します。

カーストの特徴。

第一。誰もがどれかのカーストに属する。二つのカーストに同時に属すとか、どのカーストにも属さないとか、いうひとはいなくって、どこか必ず一つだけ、その人のカーストが決まります。（ここではアウトカーストも、カーストのひとつと考えて説明しています。）

第二。カーストは、序列があります。いいカーストから悪いカーストまで一列に並んでいて、いいカーストは尊敬を集めるのに対して、悪いカーストは社会的評価が与えられません。

第三。異なるカーストの人びととは、あまり付き合わないように、というルールがあります。一緒に食事をしない。親しく口を利かない。それと関係があるが、同じカーストの人同士で結婚しなければなりません。子どもが生まれたら、その子は自動的に親のカーストに所属します。生まれた瞬間にカーストが決まってしまって、一生、変更できないんですね。

第四。特に大事なことは、これが職業と結び付いていること。カーストは大きく四つありますが、その中がさらに細かく、数多くの職業（ジャーティ）に分かれています。これがまた一列に並んでいます。

ごくおおまかに言えば、バラモンは、宗教活動に従事し、それを独占しています。クシャトリアは、政治や軍事の活動に従事します。ヴァイシャはビジネス・生産活動に従事します。シュードラはそれ以外のサービス業、あまり社会的評価が高くない職業に従事する、という具合です。

カースト制の起こり

なぜインドに、カースト制が出来たのでしょうか。

古いことなので、よくわからないうえ、いろいろな説があります。おおよそ正しいと思われることを説明します。

その昔、アーリア人が、インドに攻め込んできたのが、きっかけになりました。アーリア人は、昔、ペルシャの北側あたりに住んでいたらしい、色が白くて、鼻が高くて、目が青い、古代ギリシャの彫刻みたいな顔をしている人たちですけれど、それが何千年も前に、新しい場所に移動して行ったんですね。

西に向かった人びとは、ギリシャ半島に入り込んで古代ギリシャ人となり、イタリア半島に入り込んで古代ローマ人となり、ヨーロッパの各地に入り込んで、アングロサクソンとか、ゲルマンとか、ノルマンとかの人びとになり、いまのヨーロッパ人になりました。いっぽう、東に向かった人びとは、インドに入り込み、インダス文明に代わって紀元前一五〇〇年ごろ、自分たちの社会をこしらえました。

でも、インドでは、先住民も人数が多かったのです。そこで、自分たちは支配民族として、宗教を独占し、政治・軍事を独占するいっぽう、先住民を、従属的な身分に押し込め、職業を割りあてました。あなたたちは、ヴァイシャ、シュードラとして生産活動やサーヴィスに従事しなさい、みたいな。これがカースト制の起源だと言われています。

いまあるようなカースト制は、いっぺんに成立したわけではなく、はじめはインドの北部に、ごく簡単なかたちのシステムができただけだったらしい。けれども時間がたつうちに、地域も拡がり、カーストの内部の区分（ジャーティ）もどんどん細かく複雑になって、現在のようなかたちになっていったようです。

カースト制は不合理か

カースト制について習うと、とても不合理に思えます。なんでこんな前近代的な仕組みが、まだ残っているんだろう。差別ではないか。

たとえば、職業選択の自由がありません。生まれたとたんに、職業が決まってしまいます。結婚の自由がありません。原則として同じカースト（同じジャーティ）の相手と結婚しないといけません。カーストに序列があり、人間は平等でありません。差別があります。こんな不合理な制度に、いつまでもしがみついているから、インドは遅れていて、近代化できないのではないか。こう思えてしまいます。私も、そう思っていました。

けれども、考え直してみると、誰が考えても不合理で、何のいい点もない制度が、二千年も三千年も続いているというのは不思議です。カースト制にはなにか隠れた、よい点もあるのではないでしょうか。カースト制が生まれたのには、それなりの理由があるのではないでしょうか。

カースト制は、古代のインドに現れました。インドだけに現れました。ほかの場所には、現れませんでした。では、インド以外の場所では、どんな社会制度があったのでしょうか。古代の中国には、メソポタミアには、エジプトには。古代のギリシャには、ローマには。

答えは、奴隷制です。中国でも、メソポタミアでも、ギリシャでも、ローマでも、世界中どこでも、古代は奴隷制が採用されていました。

奴隷制といっても、そんなものは日本になかったので、日本人にはなかなか想像がつきません。人間がひどくいじめられる状態のことか、と思ってしまいます。

奴隷制は、人間をひどくいじめることもあるのですが、そこに本質はありません。それは簡単に言えば、「人間が人間を所有する」ことです。所有するほうの人間が、主人です。所有されるほうの人間が、奴隷です。人間が「所有する」のは、ふつうモノです。人間をモノのように所有してしまう制度が、奴隷制です。モノとして扱われるので、奴隷は、人間でありながら人間ではなくなってしまいます。たとえば、生きる権利を奪われ、自由を奪われ、法的人格も奪われます。法的人格を奪われるとは契約を結ぶ権利がなくなってしまうということです。

ではなぜ、古代には世界中で、奴隷の制度がつくられたのでしょうか。

それは奴隷に、嫌な仕事をやらせるためです。

古代は、農業が盛んになると、都市国家がたくさんうまれ、軍人が増えて、戦争が繰り返されました。農業には土地が必要で、土地を求めて互いが敵となったのです。戦争で勝てば、相手は異民族ですから、皆殺しにしたり追い払ったりして、土地を取り上げます。戦争で負けた相手は、戦闘員も女も子どもも、捕虜にしてしまいます。捕虜は、奴隷となるのが決まりでした。市場で売り払ってもいいし、連れて帰ってきて奴隷として働かせてもいいのです。

当時は、すべての労働が人力による肉体労働でした。農業もそうだし、建設作業もそうです。苛酷《かこく》で苦しい労働が多かったので、それを奴隷にやらせて、自分たちは楽をしたい。みな、こう思いました。人間が自由になるには、それしか方法がありませんでした。そこで世界中が、奴隷制になりました。

奴隷制は、大規模な土木工事ができたり、農園が経営できたりして、いいんですけれど、奴隷にとってはいい迷惑です。人間性を無視され、主人の都合で、幸せとはほど遠い人生を送ることになります。

まず、奴隷には、所有権がありません。奴隷がなにか持っていても、それは主人のものです。ゆえに奴隷には、私有財産がありません。

奴隷は、結婚も自由にできません。主人の都合です。ガレー船の漕ぎ手とか、鉱山の労働者とか、剣奴《けんど》（見せ物で殺し合う奴隷）とか、苛酷に働く使い捨ての奴隷は、結婚させるだけ無駄ですから、独身でした。死んでしまうと、市場で買ってきて補充します。市場で買うのは損だと思う主人は、奴隷を結婚させます。結婚して生まれた子どもは、主人の奴隷になります。ただで奴隷が、再生産されたことになります。

結婚しても、安心できません。主人の都合で、家族がばらばらに、売りに出されるかもしれません。平穏に家族を営む権利が、奴隷には保証されていないのです。

この、結婚だけはできる下から二番目の奴隷を、古代ローマではプロレタリアといっていました。マルクスがそれを、古代史の研究者から教えてもらって、資本家のもとで働くしかない境遇の工場労働者とよく似ているというので、マルクス主義の、無産労働者のよび名にしたのです。

奴隷は、私有財産もないし、家族をもつ権利が保証されてもいません。私有財産と家族は、人間の幸福のもっとも基礎的なふたつの条件のはずです。それを人びとに保障しない奴隷制は、人間性と矛盾しており、持続可能でありませんでした。ですから歴史から消えてしまい、いまはどこにもありません。

奴隷制とカースト制は、どちらも古代に生まれた制度です。カースト制のよしあしを、奴隷制と比べて考えてみましょう。

カースト制のいい点。第一に、奴隷がいません。すべて自由民です。カーストは身分であって、所有する／されるという関係ではないからです。だから誰もが、私有財産を所有できます。たとえ貧乏だとしても、自分のものを持てます。

第二に、だれもが結婚できます。結婚できる相手は、限られているかもしれないが、結婚の権利は保証されています。結婚して、私的所有権があれば、家族を営めます。全員にこの権利を、保証することができています。

第三に、失業がありません。カースト制は、職業を割り当てているので、全員に仕事があります。奴隷制だと、どんな仕事をするかは、主人の命令で決まるので、職業が自分を守ってくれたりしません。カースト制なら、ほかの人びとはその職業につくことができないので、必ず仕事が回ってきて、少ないかもしれないが、必ず収入がえられます。こうして自動的に、分業と相互依存のネットワークが出来あがります。そして、争いを最小限に抑えることができます。

以上の三点だけを考えても、カースト制は奴隷制より、どれだけましなことでしょう。

こういう、福祉と共存の仕組みを、三千年前にインドの人びとが考えました。すばらしい知恵だと思います。

すばらしい知恵ですけども、カースト制はうまく行き過ぎました。うまく行き過ぎて、これを変えるチャンスを見失ったまま、現在に至っています。カースト制は、宗教(バラモン教、ヒンドゥー教)と結び付いていますから、なおのこと、なかなか変えられないんですね。

とは言え、カースト制には、持続可能性があります。なぜ持続的かと言えば、人びとの生活の最低条件をつくりだす力があるからです。奴隷制は、持続可能性がありません。ですから歴史の舞台から消えてしまいました。

カースト制と輪廻

カースト制とヒンドゥー教は、表裏の関係にあります。カースト制と輪廻《りんね》は、表裏の関係にあります。

輪廻もまた、インド人に特有の考え方です。

輪廻とは、生まれ変わりです。人間は死ぬと、何十日かして、この世界に戻って来て、新しい生き物にまた生まれます。それは人間とは限らなくて、人間より下の生き物かもしれません。人間の下には、修羅、餓鬼、畜生、地獄があることになっています。あるいは、人間より上の生き物（天人など）かもしれません。これは、カースト制を、すべての生き物に拡大したものになっています。

どの生き物に生まれ変わるかは、この世界の行ないによります。行ないが悪くて、人間として正しく生きていなかった人は、罰として、下のほうに生まれ変わります。その反対に、人間として正しく生きた人は、上のほうに生まれ変わると信じられています。

かりに、あなたが下のほうのカーストに生まれて、どうしてこうなったのかと、思い悩んでいたとします。すると誰かが、慰めてこう言います。それはね、あなたが悪いんじゃあない。あなたではなくて、前世のあなたが、何かよほど悪いことをしたんだ。その罰として、あなたはいまのカーストに生まれることになった。それは仕方がない。でも、ガッカリすることはないよ。いまのカーストでがんばって、まじめに人間として正しく生きていけば、つぎの人生ではきっと、もっと上のカーストに生まれることができるだろう。――なるほど、とあなたが気を取り直せば、カースト制のもとで張り切って一生を送ることができます。

こうしてみんな、上のカーストになったり下のカーストになったりして生まれ変わっているのだとすると、平均すると、みんなだいたい同じになります。輪廻を信じるなら、カースト制が不平等でも、人間はみんな平等だ、と考えることができます。

なるほど、と思いますか。みじめな現実を合理化するための、負け惜しみの理屈と思えないこともありません。それに、来世で上のカーストに生まれるからね、という慰めは、いまの、下のほうのカーストは辛くて苦しい、という意味です。

カーストをなくすことはできないものでしょうか。

カースト制を越えて

そこでインドでは、昔も、そしていまも、カースト制に反対したり、カースト制を乗り越えようとしたりする、考え方や運動が繰り返し起こっています。仏教もそういう考え方のひとつでした。

仏教は、カーストと無関係に、お釈迦さまの弟子になることができます。そして、修行して、覚りを開くことができます。どのカーストに所属しているひとでも、生まれ変わったりしないで、いま現世で、覚ってブッダ（仏陀＝覚った人）になれる、と信じるのが仏教です。それには、出家するのが望ましいのでしたね。在家の人びとはインド社会で、カースト制にしばられて生活しています。それを抜け出して、どんなカーストの人びとも一緒に生活して、覚りを目指そうという運動でした。ひとことで言うなら、アンチ・カースト制の運動です。

七世紀にはイスラム教が起こって、そのあと、インドにも入ってきました。イスラム教は、人間はアッラーの前でみんな平等だと考えているので、誰とでも交流し、誰とでも食事をし、誰でもどんな職業にでも就くことができます。

五百年ほど前にインドに現れた、シク教は、仏教よりもっと徹底していて、出家などしません。インド社会のただ中で、カーストを否定し、すべての人間は平等だという考え方で生きていきます。カースト制がないので、どんな職業にも従事します。そして、勤勉に働きます。

イスラム教や、シク教は、職業差別がありません。ヒンドゥー教はこれに猛反発しました。いまでもインドでは、大部分の人びとがヒンドゥー教徒ですね。

カースト制の問題点は、差別的であること、そして、社会の変化に柔軟に対応できないことです。近代化は、社会が変化し、新しい職業がうまれることです。工業化とともに、農業の比重が減って、エンジニアとか、自動車の運転手とか、教員とか、公務員とか、いままでになかった職業が出てくると、シク教徒やイスラム教徒に比べてヒンドゥー教徒はうまく適応できないことになります。

それでもインドは、近代化に向けて歩みを早めています。カースト制の縛りはますます緩くなっていくでしょう。でも、農村を中心に、まだ色濃く残っているカースト制から抜け出るには、まだまだ時間がかかるでしょう。

幸福　*happiness*

幸福とは、人間が人間として生きていることが、充実している状態ですね。生きる目的と言ってもいい。

幸福であってほしいと、親が子どもに願います。夫が妻に、妻が夫に願います。幸福となることを期待します。社会全体に責任を持っている政治家は、人びとの幸福を実現しようとはかるでしょう。

幸福はつかみにくい

幸福というのは、しかし、つかみどころがありません。ある人が言いました、不幸は具体的で、個別的なんだけれど、幸福は、抽象的で、これが幸福だと言いにくい、みたいなことを。

幸福の反対は、不幸です。たとえば、病気。たとえば、貧乏。それから、一家離散とか、敵にやっつけられるとか、不名誉とか、恥辱とか、いろいろな打撃に打ちのめされて、とても幸福とは言えないという状態をイメージすることができます。けれども、幸福のほうは、強いて言うと、不幸じゃないということになって、日々、幸せを実感していますなんていう人に、あんまり会ったことがありません。

でも、大部分の人びとは、それなりには幸福なんですね。

不幸になった人がよく言います、「不幸になってみてはじめて、幸福のありがたみがわかった」「ふり返ってみると、あのころは幸せだったなあ」幸福の真っ最中には、なかなか幸福だと実感できないらしいのです。

これと似ているのは、健康ですね。

お医者さんのタマゴの学生たちが、医学部の教室で、健康とは何かと質問されて、うまく答えられなくて困ったという話があります。健康とはなんですか。病気でないことです。病気とはなんですか。健康でないことです。…？？

病気のほうは、わりに簡単です。病原菌に感染してるとか、血圧が高すぎるとか、不整脈があるとか、腫瘍があるとか、個別の具体的な体の問題は、いろいろ指摘できます。そうした病気がないのが、健康だ、ということになると、健康には個性がありません。あるいは、「病気がない状態」みたいに、消極的にしか定義できません。幸福も似たようなところがあります。考えようとすると、なかなか難しいのです。

自分に向いている

でも、もう少し踏み込んで考えてみたいので、幸福について、こう考えたらどうかという、提案をいくつかしてみましょう。

まず、人間は、一人ひとり違うのですね。生まれついての性質も違えば、生まれた場所や、時代や、状況も違います。一人ひとり名前がついていて、個性的で、個別的で、同じ人間は世の中に一人としていないのです。兄弟だって、違う。双子だって、違う。同級生だって、違う。似ているところがいくらあっても、必ず違う。

そうすると、あの人の幸せと、この人の幸せが同じかというと、具体的な幸せのあり方は、きっとかなり違うはずです。ビールに枝豆があれば幸せだと感じるひともいるし、そうでもないひともいます。人間にはいろんな向き不向きもあるし、好き嫌いもあるし、個別的なのです。

たとえばイチロー選手が、親の命令で、柔道をやらされたとします。野球がやりたかったのに。野球をやって、イチロー選手は世界有数の名選手となり、評価され、本人も活躍して、野球選手になってよかったなと思ってるだろうと思うんです。いろいろ大変だろうけれども、それでも、野球選手をやることは意味があると。でも、柔道の選手になったらどうでしょう。もちまえの運動神経と人一倍の努力で、ある程度のところまで行ったかもしれないけれど、世界一の柔道選手になったかどうか、疑問です。そして、本人が充実した柔道人生を送ったかどうか、もっと疑問です。

適性があると思える分野に、自分の選択で進んで、努力するかわりに、適性がなさそうな分野にしかたなく向かわされて、それを一生やらなきゃいけないなんて、あんまり嬉しくないですね。

さて、イチロー選手の場合、結果論かもしれないですけれど、野球選手になって大変よかった。野球をやっていれば、幸せですね。じゃあ、イチロー選手じゃない、ほかのひとは何をやればよいのか。

これが、なかなか難しいです。どうして難しいかって言うと、うまくいって、うまくやれるかどうかは、やってみないとわからないからです。それから、それなりにうまくやれたとしても、社会が必要としている人数には限りがあるから、それを仕事にできるかどうか、よくわからないからです。

仕事のあやふやさ

以下しばらく、仕事に話を限って、考えてみましょう。

ある仕事で、充実するという状態になるかどうか、よくわかりません。充実するというのは、本人がやっていて、やりがいがあること。嬉しいこと。向いていること。楽しいこと。それをまわりの人びとがみて、うん、彼はなかなかよくやっている、彼女はなかなかよくやっている、と評価を与える。報酬を与え、ちゃんと待遇する。この両方がそなわっているときに、それはいい状態なわけです。

さて、どれぐらいの人びとを、どういう活動に割り当てて、社会でそれを承認し、支えましょう、というふうになるかというと、これは状況次第なんですね。

たとえば、しばらく前、一九六〇年代には、流しの歌手がいました。ギターを片手に、バーやスナックを順番にのぞいて、「こんばんは。一曲、いかがですか」みたいに、お客さんに声をかけるのです。そして、流行《はや》りの歌を歌ったり、伴奏してお客さんに歌わせたりして、五〇〇円とかもらって、つぎの店に移っていきます。そういうひとが、渋谷や新宿に、何百人もいたそうです。

ところが一九七〇年ごろから、カラオケが普及していきました。伴奏と歌詞がついていて、安くて便利です。そこで流しの音楽家は、あれよあれよという間に消滅してしまいました。こうして、みんなに聞かせるうまい歌を歌う歌手は、日本中に何十人かいればすむようになりました。その人たちが、レコードやCDを録音して、テレビに出て、残りの人たちは失業してしまいました。

このように、ある職業で食べていけるかどうかは、技術の進歩や、時代の流れや、世の中の需要によって、大きく変わってしまうのです。

いま、自動車の運転手という仕事があって、たぶん何百万人という人びとが日本中で、トラックやタクシーに乗って働いています。これは、どの車も人間が運転しないといけないから、そうなっているのです。けれどもかりに、無人運転の技術が実用化すると、そのとたんに、日本中の運転手の人びとは失業してしまいます。どんなに運転に向いていて、好きで、やりたいと思っても、それを職業にするのはむずかしくなってしまいます。

仕事というのは、社会を支える有益な活動であって、ほかの人びとが必要なことをやって、自分も向いてると思って、収入も得られて、家族も支えられる。つまり、生活の基本です。その生活の基本である仕事は、幸福そのものではないけど、幸福の重要な土台になります。けれども、その土台が、こんなにあやふやで、けっこう頼りないものなのです。

どのような活動が、どれだけ社会に必要とされているのかは、時代によって違います。学校の先生、公務員。会社の営業マン。それからエンジニアとか、自動車整備の人とか、とてもたくさんの職業がありますが、これらも大なり小なり、あやふやな土台のうえに成り立ってるわけです。

逆風に立ち向かう

最近の傾向は、製造業が、みな、海外に出て行ってしまって、日本が空洞化し、非正規雇用のアルバイトみたいな職種ばかりになってしまって、給料が安いことです。熟練できないし、昇進するとか、正社員に登用されるとかが、とてもむずかしい。生活もギリギリで、社会の評価も得られにくい仕事が増えています。これは、人びとの幸福感や充実感を、むしばむ原因になっています。

しばらく前までは、いまがんばっていれば、一〇年後にはもうちょっとよくなるかもとか、希望があったんですけれど、社会が停滞してくると、そういう希望を持ちにくくなりました。

こうした日本の問題点は、食べ物にも困るという生活の絶対水準の大ピンチとは、少し違った苦しさだと思います。江戸時代とかと比べてみれば、いまは夢みたいな生活です。夢みたいな生活なのに、幸福感があんまり得られないとしたら、それは、生きる内容の絶対水準の問題ではありません。その生活に、社会的な評価がとか、自分の充実感がとか、意味づけがとか、目的がとかがともなわないところに、原因があるのです。

これは、グローバル化や、経済の動向にも関連がありますから、一朝一夕《いっちょういっせき》にどうこうなるものでもないし、これから先、さらに厳しくなっていくかもわかりません。こういう状況に個人の力で立ち向かおうと思っても、それはむずかしいことです。もっとも、社会の流れに右に倣えをして、自分もそういう考え方に巻き込まれているので、一番大事な自分の価値や、意味をつかむことができなくて、幸福から遠ざかってしまっているということもあるかもしれません。それなら、自分の生き方をみつめなおすだけで、充実を手に入れる道が開けるかもしれません。
そこで、この逆風の時代を、どう乗り越えるかというヒントみたいなことを、もう少し考えてみたいと思います。

ひとと比べない

幸福の原点に戻りましょう。幸福は、個別的なものです。私の幸福は、私の幸福で、ほかの誰かの幸福ではありません。ほかの誰かと比べることができない。比べるべきでもない。それは、私が自分の人生を、どう考えるかということに依存しています。マスメディアや、世の中の常識は、なにかと言うと、比較しようとします。比較するとは、個別的じゃないということです。ほんとうは、比較できるもの、比較できないものがあるはずです。

比較できるもの。モノの値段は、比較をして、これが高い、これが安い、となっています。比較するのは、市場の性質ですから、これは仕方がない。けれども、本来、比較すべきでないものまで比較をしているのが、今の社会です。

典型的なのは、学校の偏差値です。教育は、そのひとの可能性を引き出すものです。

そのひとがもともとここまでしかできなかったのが、ここまでできるようになった。そのように能力を向上させて、価値を生み出すものです。そのひとの能力がいちばん伸びていく学校が、いちばんいい学校です。

Aさんにとってのいい学校と、Bさんにとってのいい学校は、同じ学校ではありません。Aさんがその学校で、充実した時間を過ごせて、幸福だと思うかどうかということと、Bさんがその学校でどう思うかということは、別のことです。

ところが、今、やっているやり方は、学校を工場の生産ラインみたいに考えています。いっせいに授業を始めて、いっせいに授業を終わって、この範囲をよく勉強しておきなさい。いっせいに試験をして、細かな違いを数値にします。それをもとに進学先を指導したりしているわけですね。これは教育にとって、必要でもないし、十分でもない。どうでもいいことをやっているのです。

でも一度、こういうやり方を始めると、それが一人歩きしてしまう。その結果、教育が成立しなくなります。たとえば学校では、国語があって、算数があって、理科があって、社会があります。国語はなぜありますか。国語は、生きるうえで必要で、そのひとにとって役に立ち、人生を充実させるから教えているのです。ほかの人より五点、いい成績が取れるとか、この漢字が読めなかったから三点減点とか、そういうことで教えているわけではありません。国語そのものに意味があるんです。それは数値化できません。同じことで、算数にも意味があるんです。社会にも理科にも意味があるんです。その中身に触れて、それを喜びとすれば、それで必要かつ十分なんです。こういう教育の原点が、忘れられていますね。

教育は、人びとそれぞれの幸せを、支援するためにあるのです。これは、教育を例にして言っているんですけれども、ほかの領域でも同じだと思います。

どうも見ていると、日本で学校教育を受けると、子どもたちはだんだん元気がなくなって行きます。子どもはひとに依存して生きていますから、小さいあいだは、言われたことをして、あとは遊んでればいいんですけど、それがおとなになっていくと、社会の一員として、これからひとを支えていかなきゃいけない、という段階に来る。ひとをどうやって支え、自分にできることをやって、社会に役立ち、そして社会にも支えられて、自分が個人として生きていく、という自分なりの道をさぐることですね。でもそのころには、学校の価値観につぶされてしまって、そうしたことを前向きに考えるエネルギーが枯渇してしまっているように思います。

じゃあ、学校を出たあと、どういうふうに社会を支えて、どういうふうに社会に支えられるか。このことを、中学生とか高校生のあいだに、考えておくべきなんです。いちばんストレートには、職業になにを選ぶかですが、職業である必要はない。職業でなくたって、社会を支える。社会のためになる活動は、いっぱいあるのです。自分に向いていて、飽きずに続けられるものは何か。自分で納得できるものは何か。それを具体的に考えていく。

それから、それをやりたいひとが、あんまり多いものはやめたほうがいいかもしれません。たとえば、テレビタレントになって、テレビに出たいという人は、山のようにいるわけです。なれるひとは、ほんのひと握りですから、リスクが大きすぎます。むしろ人びとが、誰でも必要とすることや、確実なニーズを考えたほうがいいと思います。

社会は一人ひとりのことは考えず、大工さんが何人必要、お医者さんが何人必要、という大まかなところを、人数で決めることができるだけです。そこに、意味や価値を見いだしていくのは、一人ひとりであって、それこそ個別の問題です。その、意味や価値を見出す方法は、ほかのひとから習うことができません。親も教えてくれません。先生も教えてくれません。自分で見つけるしかありません。そのことに責任をとれるのは、自分しかいないからです。

幸福とはなにか

幸福とは、どんな状態かと言うと、自分はこれをやるために生まれてきたんだ、と思えることです。もし思えたら、それはとても充実している状態です。それは、幸福です。それは自分が、持って生まれた、隠されていたものを、いま発揮しているぞという内側からの感覚と、それを「ああ、すばらしいですね」と評価してくれる、社会の側からの客観的な評価とが、結びついた状態だと思います。別に世界一や日本一になる必要は、全然ありません。充実しているなあと思えることが、いちばんです。

昔、日本にはこういう、職人さんみたいなタイプの人がよくいました。うどんをつくる。手を抜かないで、ちゃんとしたうどんをつくる。小さなお店かもしれないが、うどんを出して、お客さんがおいしいと食べる。で、うどん屋としてやっていける。これがすべてで、そこに、妥協の余地のない自分の世界がある。なんていうひとが、たくさんいたのです。

いまはこういう仕事を見つけにくい時代なんだけれど、でも見つかるはずです。それには工夫と努力が必要です。努力とは、コストを払うことですから、努力しても空ぶりになるかもしれないんですね。空ぶりになるって、リスクですね。

リスクを取らないと、努力はできないんです。努力は報われると決まっていない。で、そのリスクは、社会の側で埋め合わせてくれないから、自分で負わなければいけない。ダメだったらめげますけれど。ダメだった理由があるわけで、それをしっかり踏まえるなら、また次のチャレンジがあると思います。

若いひとの場合は、二回や三回、挫折しても大丈夫ですから、そういうチャレンジを引き受けるほうがいい。チャレンジするなら、全力を出さないと、チャレンジにならないです。本気でやってはじめて、ダメなときに挫折ができます。

挫折も大事です。自分の適性や、社会の現実を思い知ることができるから。そうやって、行けるところまで行かないと、自分の隠された力は出てこないと思います。

幸福と不幸

さて、幸福の反対が不幸だと言いましたけれど、幸福だけしか起こらない、なんてことは人生にはありません。

いちばん大事なひとを失ってしまう。これこそはと思っていた大事なことで何か失敗する。自信があって、やっていたことなのに、自分よりもっとうまくできるひとを見つけてしまった。信頼していた友人に裏切られた。など、とにかくさまざまなマイナスが、間隔を置いて、ときにはまとまって、やってくることもあるでしょう。

読者のあなたには、幸せになってもらいたいですが、世界はあなたを中心に回っているわけではありません。あなたが幸せになるように、みんなが調整してくれているわけでもありません。必ず不本意な出来事は起こるのです。そういうときに、あきらめてしまうかどうかです。

ちょっとしたことであきらめるのなら、それは、あなたが本当にやりたかったことではありません。本当にやりたいことだと覚悟を決めるためには、それ以外のことをあきらめなければならないかもしれません。何かを手に入れるということは、何かをあきらめるということなのです。

自分のことをよくわからないひとは、あきらめる勇気がないために、あれもこれもと欲張って、けっきょく大切なものを手に入れられない可能性が多い。たとえば年に何回かはディズニーランドに行きたいし、三十代で新築マンションも買いたいし、子どもはできれば有名校に進ませたいし、親の面倒は見たいし、などあれもこれもと考えていたら、エネルギーが分散してしまいます。

ほかのひとがわけなく手に入れているように見えるものでも、自分は手に入らないかもしれない。そんなことは、気にしないことです。ほかのひとと自分を比べてはいけません。これは、幸福になる秘訣のひとつです。ほかの人びとなんかどうでもいいと思うことです。それは、自分を大事にすることに通じます。

ほかのひとと比べるんなら、みんなのためにがんばって、自分の苦労をいとわないひとと比べなさい。そのひとがどれぐらい大変で、どれぐらいのコストを払い、どれぐらいのことをしているのかを、具体的に知ることです。そしたら自分なんか、まだまだ。まだ楽をしている。まだ恵まれている、というふうに思えるはずです。そうしたら、がんばれます。

幸福のバトンタッチ

なんやかんや言っても、たいていのひとは、そのひとの人生の条件を、ほかの誰かに整えてもらっています。親が整えてくれたり、友人や知り合いが整えてくれたり、社会が整えてくれたり、学校や、会社が整えてくれたり。本当に自分ひとりでがんばりました、なんていうひとはいないのです。

どのようにそれが整ったかというと、ほかのひとが見返りなしに、あなたのために活動してくれたからです。それを考えたら、ではお返しに自分は何をすればいいか、というところに頭が回るはずです。

もうひとつ、ほかのひとの役に立ち、ほかのひとに喜んでもらうことと、自分の喜びとが、シンクロしてくるというのがとても大事です。見栄を張っても無駄だし、嘘をついてもしょうがないし。素直に社会の法則を理解して、社会の中で生きていくのがよろしい。

社会学は、どういうものか。社会には、法則性があるんです。おおぜいの人びとがてんでんばらばら、勝手に生きていますけど、その結果、社会にはルールや決まりができあがっています。それは、法則によって動いていて、それを科学的・客観的に研究できます。これに背くようなことを考えても、空想的な議論になってしまいます。社会の法則に合致しないんですから。

社会学を学ぶということは、社会がこのように、人びとの勝手な希望や意思から、独立に動いているんだということを知ることです。それを踏まえて、自分が行動するには、じゃあ、どうしたらいいかっていうふうに作戦を立てます。そうすると、少ないコストで、無駄なコストを払わないで、必要なところにエネルギーを集中できるので、あなたが幸せになる可能性がぐんと高まります。

社会学を学ばないで、友だちの噂話なんかに左右されたり、マスメディアや雑誌の情報をうのみにして行動しても、ろくな結果になりません。マスメディアや雑誌は、あなたのことなんか全然考えてなくて、おおぜいのひとに売れればいいということだけ考えています。平均的な人びとに向けて、彼らの喜びそうなことを言っているにすぎないんです。

あなたは世界でたった一人の、ユニークな存在です。あなたにピッタリ合う生き方の処方箋は、あなた自身が見つけるしかありません。そうやって自分の人生に責任を持つというのが、幸福を手に入れる、いちばんよい方法だと思います。

読書案内

further readings

社会って面白いなあ、社会学って興味あるなあ、と本書を読んで思ったかもしれない読者の皆さんに、続けて読むといいかも、という本を何冊か紹介しましょう。

私の「目利き」で選んだ本なので、よくあるリストとはちょっと違っています。

選んだ基準は、第一に、同時代の日本の信頼できる書き手であること。亡くなっているひとも何人かいますが、最近の著作ばかりで、皆さんの生きるこの社会に、直結する内容です。第二に、予備知識が必要なくても、読めばわかるように書いてあり、文章もわかりやすいこと。第三に、あんまり値段が高くなくて、図書館にもあって、手に入りやすいこと、です。

社会学が専門のひと（大澤真幸、小室直樹、見田宗介、宮台真司、山田昌弘）もまじっていますが、いわゆる社会学の本ではありません。もっと広い関心をもつ人びとのための本です。そもそも、この本の読者（たぶん中学生や高校生の皆さん）は、社会学を専門に学ぶと決めたわけではないはずです。社会についての関心を大きく育てるには、しっかりした書き手の本を読む。社会学の専門の本は、必要になったら、あとで手を伸ばせばよいと思います。

私の経験では、本を深く学ぶコツは、これはと思う著者を見つけて、そのひとの書くものを追いかけることです。同時代の書き手は、いまのこの社会を、どう感じ、どう生き、どう考えればよいのか、たくさんのヒントを教えてくれます。そういう何人かに、皆さんもめぐりあうことを願ってやみません。

赤坂真理『愛と暴力の戦後とその後』（二〇一四年五月、講談社、講談社現代新書）

赤坂真理《あかさかまり》さんは小説家です。自分の体験にもとづいて、『東京プリズン』という作品を書きました。高校生の主人公がアメリカに留学して、日本の起こした戦争について学校でディベートすることになり、意味のわからなかった過去と現在のつながりを理解していくというストーリーです。その作品をうみだす、思索と葛藤をつづったのがこの本です。一九四五年に終わった戦争は、大昔のことです。しかし、日本人が生きるこの社会を、いまも深くとらえていることがわかります。

東浩紀『動物化するポストモダン』（二〇〇一年十一月、講談社、講談社現代新書）

東浩紀《あずまひろき》さんが分析するのは、オタクとよばれる人びとに典型的な、現実世界のとらえ方の新しいかたちです。しばらく前まで、この世界はこう出来あがっている、歴史はこう動いているという、人びと誰もが信頼するものの考え方がありました。ところが、メディアやインターネットの発達によって、人びとに共通する考え方の枠組みが壊れてしまい、誰もが自分サイズの意味ある世界を手作りしなければならなくなりました。そうした現代社会の深層を、鋭いアンテナとロジックで、解きあかして行きます。

内田樹『日本辺境論』（二〇〇九年十一月、新潮社、新潮新書）

日本に生まれ育つと、さまざまなことが当たり前のように刷り込まれて、日本人らしくなります。でもそれは、どういう特別なことなのか。世界の人びとと比べて、どれだけ変わったことなのか。日本の社会を、外から見る視点が、世界をより客観的に理解していくために、必要になります。内田樹《うちだたつる》さんのこの本は「辺境」をキーワードに、その日本人の「当たり前」を突き崩し、相対化していきます。自分を相対化できる能力こそ、ものを考えるための大事な足場になることを、納得できる一冊です。

大澤真幸『思考術』(二〇一三年十二月、河出書房新社)

大澤《おおさわ》真幸《まさち》さんは、ものごとを深く創造的に考える達人です。そのやり方の秘密を、本書は実例をもって明らかにしてくれています。贅沢な本です。ものを考えるとはどういうことか。どういうちょっとしたコツで、人びとが見過ごす手掛かりをつかみ、その先を考えて行けるのか。なにごともプロは、ひと味違っています。社会学でなくても、どんな学問でも、いや学問でなくたって、このコツは大いに役に立ち、あなたの人生を豊かにしてくれるに決まっています。

加藤典洋『敗戦後論』(一九九七年八月、筑摩書房、ちくま学芸文庫)

加藤典洋《かとうのりひろ》さんは、文芸批評家です。文学作品を批評します。けれどもその仕事は、文学に留まりません。なぜこの時代の人びとは、こう考えてしまうのだろう。こう感じてしまうのだろう。その前提を掘り起こして、白日のもとに晒《さら》してしまうのが、本当の批評という仕事です。戦後の日本人は、戦争に敗れたことを忘れ、抑圧しているのではないか。自分を欺いているのではないか。そういう勇敢で深い問いが、どこまで私たちを連れて行ってくれるのか、スリリングな書物です。

柄谷行人『帝国の構造』（二〇一四年七月、青土社）

柄谷行人《からたにこうじん》さんは、冷戦が終わったけれど、それは決して資本主義が正しいことを意味しないはずだと考え続けています。マルクスはどこを間違ったのか。マルクスは所有と生産様式を重視し、階級を絶対的なものと考えた。そのかわりに、交換様式を重視すればどうか。まったく新しい世界史の見方ができ、資本主義の問題点を克服する見通しも立つのではないか。そういう仮説のもとに、哲学と思想と経済と社会をまるごと考え直す、大きな仕事を進めています。この本は、講義録なので、わかりやすく書かれています。

小室直樹『痛快！憲法学』（二〇〇一年四月、集英社インターナショナル、※のちに『日本人のための憲法原論』として再版）

小室直樹《こむろなおき》さんは、数学、経済学、政治学、社会学、人類学など、たくさんの学問を修めた天才的な学者です。でも生涯、在野の一研究者として著作を残しました。この本は、憲法をテーマにしていますが、そもそも近代社会とはどういう社会なのか、その宗教的な背景から、自然法、人権、市場経済、民主主義、革命、市民社会の原則まで、縦横無尽にその成り立ちとメカニズムを論じて行きます。この本を読まないと大損をしますよ。なお、本文は同じで挿絵をなくし、横組みを縦組みにした本が、再版されています。

竹田青嗣『現代思想の冒険』（一九九二年六月、筑摩書房、ちくま学芸文庫）

竹田青嗣《たけだせいじ》さんの書くものは、わかりやすい。それは、社会を基本の基本から考え抜き、自分が理解したことしか語らないからです。文学批評を出発点に、独学で哲学や思想の課題を考え抜き、カントやニーチェやヘーゲルやハイデガーや、かずかずの読解シリーズを著しています。本書は、ポストモダンがもてはやされていたころ、ちょっと待った、もっと西欧近代の哲学や思想を根本から考え直さないとだめじゃないか、と提案する本。初心者にも圧倒的にわかりやすく、しかも質の高い、魅力的な世界が味わえます。

橋本治『これで古典がよくわかる』（二〇〇一年十二月、筑摩書房、ちくま文庫）

橋本治《はしもとおさむ》さんは、桃尻娘シリーズなどで話題を集め、言葉と文学の世界で独自の思索を進めている、多産な作家です。その仕事のスケールは常人離れしていて、源氏物語や平家物語を徹底的に翻訳解説するかと思うと、宣長や明治の言文一致体の成立やに目を向け、およそ日本語でものを考えるとはどういうことかを、徹底的に追い詰めていきます。本書はこんなにわかりやすくていいのかと思うほどわかりやすい、絶好の橋本ワールド入門編です。

見田宗介『現代社会の理論』（一九九六年十月、岩波書店、岩波新書）

見田宗介《みたむねすけ》さんは時代に先駆け、独自の思索をつむぎ出してきた、才能あふれる社会学者です。人間が個人として充実した人生を生きることと、そんな人びとが集まって社会を正しく豊かに構成するための原理とを追い求めて、多くの著書をあらわしています。本書はグローバル世界が、限界に突き当たって、どういう課題に直面し、どういう未来を切り開いていけばいいのか、ストレートに考えてゆく、すがすがしいほどの本です。

宮台真司『日本の難点』（二〇〇九年四月、幻冬舎、幻冬舎新書）

宮台真司《みやだいしんじ》さんは、社会が人びとを拘束する秩序だった全体であるとする、社会システム論をベースにしながら、サブカルチャーなど現代社会の深層に肉薄する実証的な研究を続けている、行動する学者です。メディアを通じても活発な発言を続けています。本書は、自分たちの生きるこの日本社会が、どういう特性をもったどういう困難を抱えているのかを、鋭く分析し、解決の糸口を探るもの。二〇〇九年のベストセラーです。

山田昌弘『パラサイト・シングルの時代』（一九九九年十月、筑摩書房、ちくま新書）

山田昌弘《やまだまさひろ》さんは、家族や若者を中心に現代社会を考察し、研究を進めています。ユニークな角度から問題の本質をざっくり切り取る手並みは、誰にも真似ができません。結婚しないまま親元に同居する日本の若者を「パラサイト・シングル」と命名し、メディアの注目を集めました。「希望格差」など、人びとの生きる息苦しい現実に、確実な言葉と考察の光をあて、ねばり強く考えていく姿勢には、勇気づけられます。

山本七平『「空気」の研究』（一九七七年四月、文藝春秋、文春文庫）

山本七平《やまもとしちへい》さんは、大学生のとき応召し、砲兵将校としてフィリピンの戦線に送られて敗戦を迎え、捕虜となります。そのときの過酷な体験を原点にすえ、日本社会の本質を追究する仕事を発表し続けました。本書は、日本の組織における意思決定のあり方の、特徴と非合理性を、「空気」の支配として描き出す独創的な作品です。山本さんの仕事の根幹には、キリスト教など宗教がすえられていて、分析の切れ味を鋭いものにしています。

おわりに

学問はふつう、いろいろ考えたことを、文字にまとめます。文字にまとめて、本や論文にし、みんなに読んでもらおうというわけです。

私はここで、早くも、つまずいてしまいました。

文字に書かれた言葉は、ほんとうにほかの人びとに通じるのか。理解されるのか。理解されたとして、それは私の理解とおんなじなのか。

もっと端的に言いましょう。なぜ社会は、こんなふうに成立しているのか。

当たり前のことが、当たり前に思えない。

こんなことを考えるのは、哲学者のひねくれ者ぐらいでしょう。かく言う私も、ひねくれ者です。でも私には、ここに社会の謎が凝縮されているように思えました。ここをしっかり考え切らないことには、社会を考える足場が定まりません。でも大学でみんながやっていた社会学は、そんなことにお構いなく、家族が、集団が、組織が、地域社会が……と、どんどん先に進んでしまいます。私はいつのまにか、社会学のひねくれ者みたいになってしまいました。

でも私は、そんなことを気にしないことにしました。誰がまともで誰がひねくれているか、最後にならないとわからないのですから。

その昔、社会学の教科書を、ひと通り読みました。私には使えない言葉が並んでいました。そこで、そういう言葉を使うのはやめ、自分で納得した言葉だけを集めて磨き、自分の社会学をいちから築くことにしました。はじめは少しのことしか言えませんでしたが、そのうち、社会のだんだん大きな領域をカヴァーできるようになりました。

この本にまとめてあるのは、そうした私の遅々とした歩みの、足跡のようなものです。世界でたった一冊しかない(かもしれない)、これから社会に旅立つ若い人びとのための手引き書です。この一冊を手に、どうかあなたの、あなただけのひと筋の道を、社会にくっきり描いて生きて下さい。

文庫版あとがき

本書は、単行本『面白くて眠れなくなる社会学』（二〇一四年一二月、PHPエディターズ・グループ）を『ふしぎな社会』と改題し、ちくま文庫の一冊としたものである。

『面白くて眠れなくなる…』シリーズは、桜井進さんの『面白くて眠れなくなる数学』をはじめ、主に中高生の皆さんに向けた質の高い読み物をそろえた、超人気シリーズである。担当の編集者は、田畑博文さん。装丁もおしゃれで、思い出が深い。

今回それが、もっと多くの人びとの手に取りやすいかたちになったのは嬉しい。原著を尊重して本文には手を加えず、誤植を直すだけにした。六年あまりが経過し、いまではぴったりしない記述もないではないが、そのままにしてある。インパクトのある挿絵は、文庫版のためHONGAMAさんに描きおろしていただいた。感謝したい。

社会はふしぎだ。

人間は、社会を生きているうちに、だんだんそのことを忘れてしまう。いちいち社会のことを考えなくても、みんなと同じでいいや、と思ってしまう。

でも、やっぱり社会はふしぎなのです。それがわかると、あなたはもっと自由になれますよ。しっかりとものを考え、幸せに暮らし、社会をもっとよくするはたらきができますよ。

本書はそういうことを言っている。これが社会学なのだろうか。社会をしっかり生きるためにものを考えるなら、きっと社会学なのだろうと思う。

本書を新しい器で、読者に届けてくださったのは、筑摩書房の永田士郎さんである。手際よい段取りで、すっかりお世話になった。感謝したい。

橋爪大三郎

二〇二一年一月一二日

本書は、二〇一四年一二月四日にＰＨＰエディターズ・グループより刊行された『面白くて眠れなくなる社会学』を改題し、文庫化したものです。

世界がわかる宗教社会学入門　橋爪大三郎

宗教なんてうさんくさい!? でも宗教は文化や価値観の骨格であり、それゆえ紛争のタネにもなる。世界宗教のエッセンスがわかる充実の入門書。

14歳からの社会学　宮台真司

「社会を分析する専門家」である著者が、社会の「本当のこと」を伝え、いかに生きるべきか、に正面から答えた。重松清、大道珠貴との対談を新たに付す。

宮台教授の就活原論　宮台真司

社会のこと、働くこと、就職活動、すべてを串刺しにした画期的就活論。これから社会に出る若者はもちろん、全社会人のための必読書。（常見陽平）

「日本人」という、うそ　山岸俊男

現代日本の様々な問題は、「武士道」だの「品格」だのでは、解決できない。それはなぜか？「日本人とは」という常識のうそをあばく！（長谷川寿一）

「居場所」のない男、「時間」がない女　水無田気流

「世界一孤独」な男たちと「時限ばかり」の女たち。全員が幸せになる策はあるか――？ 社会を分断する溝に、気鋭の社会学者が向き合う。（内田良）

本を読む人だけが手にするもの　藤原和博

これを読んだらもっと本が読みたくなる最強の読書論。厳選50冊も紹介。文庫版特典は、前田裕二のエッセイ。「人生の教科書」シリーズスタート！

ファッションフード、あります。　畑中三応子

ティラミス、もつ鍋、B級グルメ……激しくはやりすたりを繰り返す食べ物から日本社会の一断面を切り取った痛快な文化史。年表付。（平松洋子）

増補新版 いま、地方で生きるということ　西村佳哲

どこで生きてゆくか、何をして生きてゆくか？ 自分の仕事や暮らしを、自分たちでつくる幸福論。8年後のインタビューを加えた決定版。

心の底をのぞいたら　なだいなだ

つかまえどころのない自分の心。知りたくてたまらない他人の心。謎に満ちた心の中を探検し、無意識の世界へ誘う心の名著。（香山リカ）

思考の整理学　外山滋比古

アイディアを軽やかに離陸させ、思考をのびのびと飛行させる方法を、広い視野とシャープな論理で知られる著者が、明快に提示する。

ねにもつタイプ　岸本佐知子

何となく気になることにこだわる、ねにもつ。思索、奇想、妄想はばたく脳内ワールドをリズミカルな名短文でつづる。第23回講談社エッセイ賞受賞。

なんらかの事情　岸本佐知子

エッセイ？　妄想？　それとも短篇小説？　……モヤッとするのに心地よい！　翻訳家・岸本佐知子の頭の中を覗くような可笑しな世界へようこそ！

味見したい本　木村衣有子

読むだけで目の前に料理や酒が現れるかのような食の本についてのエッセイ。古川緑波や武田百合子の食卓。居酒屋やコーヒーの本も。帯文＝高野秀行

自然のレッスン　北山耕平

自分の生活の中に自然を蘇らせる、心と体と食べ物のレッスン。自分の生き方を見つめ直すための詩的な言葉たち。帯文＝服部みれい　（曽我部恵一）

地球のレッスン　北山耕平

地球とともに生きるためのハートと魂のレッスン。そして、食べ物について知っておくべきこと。絵＝長崎訓子。推薦＝二階堂和美　（広瀬裕子）

文房具56話　串田孫一

使う者の心をときめかせる文房具。どうすればこの小さな道具が創造力の源泉になりうるのか。文房具の想い出や新たな発見、工夫や悦びを語る。

ポケットに外国語を　黒田龍之助

言葉への異常な愛情で、外国語本来の面白さを伝えるエッセイ集。ついでに外国語学習が、もっと楽しくなるヒントもつまっている。（堀江敏幸）

その他の外国語エトセトラ　黒田龍之助

英語、独語などメジャーな言語ではないけれど、世界のどこかで使われている外国語。それにまつわる面白いけど役に立たないエッセイ集。（菊池良生）

世界のことばアイウエオ　黒田龍之助

世界一周、外国語の旅！　英語や日本語といった身近な言語からサーミ語、ゾンガ語まで、１００のことばについて綴ったエッセイ集。（高野秀行）

減速して自由に生きる　髙坂勝

自分の時間もなく働く人生よりも自分の店を持ち人と交流したいと開店。具体的なコツと、独立した生き方。一章分加筆。帯文＝村上龍　（山田玲司）

次の時代を先に生きる　髙坂勝

都市の企業で経済成長を目指す時代は終わった。地域で作物を育てながら自分の好きな生業で生きよう。競争ではなく共助して生きる。（辻井隆行）

現実脱出論　増補版　坂口恭平

「現実」それにはバイアスがかかっている。目の前の「現実」が変わって見える本。文庫化に際し一章分「現実創造論」を書き下ろした。（安藤礼二）

本が好き、悪口言うのはもっと好き　高島俊男

痛快エッセイ「『支那』はわるいことばだろうか」をはじめ、李白と杜甫の人物論、新聞醜悪録など、すべての本好きに捧げる名篇を収めた著者の代表作。

ニッポンの小説　高橋源一郎

わかりやすく文学の根源的質問に答える。「言葉とは？」「日本近代文学とは？」いま明らかにされる文学百年の秘密。（川上弘美）

増補版　誤植読本　高橋輝次編著

本と誤植は切っても切れない⁉　恥ずかしい打ち明け話や、校正をめぐるあれこれなど、作家たちが本音を語り出す。作品42篇収録。（堀江敏幸）

マウンティング女子の世界　瀧波ユカリ／犬山紙子

「私の方が上ですけど？」ついついやってしまって結局後悔するマウンティング。愉悦と疲弊が交錯するこの営みを対談形式で徹底分析！（小島慶子）

自作の小屋で暮らそう　高村友也

好きなだけ読書したり寝たりできる。誰にも文句を言われず、毎日生活ができる。そんな場所の作り方。推薦文＝高坂勝（かとうちあき）

スモールハウス　高村友也

家のローンに縛られ、たくさんの物で身動きできない人生なんてごめんだ。消費社会に流されず、小宇宙に住み自由に生きる。（佐々木典士）

いっぴき　高橋久美子

初めてのエッセイ集に大幅な増補と書き下ろしを加え待望の文庫化。バンド脱退後、作家・作詞家として活躍する著者の魅力を凝縮した一冊。

ムーミン谷のひみつ　冨原眞弓

子どもにも大人にも熱烈なファンが多いムーミン。その魅力の源泉を登場人物に即して丹念に掘り起こす、とっておきのガイドブック。イラスト多数。

底抜け合衆国　町山智浩

疑惑の大統領選、9・11、イラク戦争……2000−04年に発表されたコラムを集める。住んでみて初めてわかったアメリカの真実。（内田樹）

戦闘美少女の精神分析　斎藤環

ナウシカ、セーラームーン、綾波レイ……「戦う美少女」たちは、日本文化の何を象徴するのか。「おたく」「萌え」の心理的特性に迫る。（東浩紀）

キャラクター精神分析　斎藤環

ゆるキャラ、初音ミク、いじられキャラetc.。現代日本に氾濫する数々のキャラたち。その諸相を横断し、究極の定義を与えた画期的論考。（岡崎乾二郎）

承認をめぐる病　斎藤環

人に認められたい気持ちに過度にこだわると、さまざまな病理が露呈する。現代のカルチャーや事件から精神科医が「承認依存」を分析する。（土井隆義）

想像のレッスン　鷲田清一

「他者の未知の感受性にふれておろおろする」自分を曝けだしたかった、著者のアート（演劇、映画等）論。見ることの野性を甦らせる。（堀畑裕之）

ちぐはぐな身体《からだ》　鷲田清一

ファッションは、だらしなく着くずすことから始まる。中高生の制服の着崩し、コムデギャルソン、刺青等から身体論を語る。（永江朗）

哲学個人授業　鷲田清一　永江朗

哲学者のとぎすまされた言葉には、歌舞伎役者の切る「見得」にも似た魅力がある。哲学者23人の魅惑の言葉。文庫版では語り下ろし対談を追加。

ひとはなぜ服を着るのか　鷲田清一

ファッションやモードを素材として、アイデンティティや自分らしさの問題を現象学的視線で分析する。「鷲田ファッション学」のスタンダード・テキスト。

学校って何だろう　苅谷剛彦

「なぜ勉強しなければいけないの？」「校則って必要なの？」等、これまでの常識を問いなおし、学ぶ意味を再び摑むための基本図書。（小山内美江子）

独学のすすめ　加藤秀俊

教育の混迷と意欲の喪失には出口が見えないが、IT技術は「独学」の可能性を広げている。「やる気」という視点から教育の原点に迫る。（竹内洋）

ちくま文庫

ふしぎな社会《しやかい》

二〇二一年三月十日　第一刷発行

著　者　橋爪大三郎（はしづめ・だいさぶろう）
発行者　喜入冬子
発行所　株式会社　筑摩書房
東京都台東区蔵前二―五―三　〒一一一―八七五五
電話番号　〇三―五六八七―二六〇一（代表）
装幀者　安野光雅
印刷所　三松堂印刷株式会社
製本所　三松堂印刷株式会社

ISBN978-4-480-43728-0　C0136